MARCO MASSAI

MARKETING PER HOTEL

Tecniche e strategie per rendere il tuo hotel di successo, acquisendo clienti, aumentando le vendite e generando profitti

Titolo

"MARKETING PER HOTEL"

Autore

Marco Massai

Editore

Bruno Editore

Sito internet

http://www.brunoeditore.it

Sommario

Introduzione

Ho deciso di scrivere questo libro perché secondo quella che è la mia esperienza, maturata in anni a stretto contatto con gli albergatori, sono ben pochi gli hotel, in Italia, che sfruttano davvero le tante (e spesso inimmaginabili) opportunità offerte dal marketing.

Giusto per parlare fuori dai denti, molte strutture ricettive il marketing non sanno nemmeno cosa sia... o, peggio, credono che si tratti *tout court* di farsi pubblicità.

Un vero peccato e uno spreco immenso di potenzialità... perché in realtà gli alberghi hanno nel loro forziere opportunità sconosciute ad altri settori. Il perché, lo si può riassumere in alcuni punti fondamentali:

- gli albergatori vendono un prodotto "emozionale";
- i clienti sono abituati ad acquistare viaggi e soggiorni online;
- il cliente è evoluto nell'uso di strumenti digitali.

Queste potentissime leve sono sfruttate adeguatamente dagli albergatori? Purtroppo no!

A sfruttarle a fondo sono principalmente le OTA (Online Travel Agency) che negli ultimi cinque anni sono letteralmente esplose, andando in molti casi a conquistare il 70% del fatturato degli hotel... mica pizza e fichi!

Facendo due più due, se il cliente è caduto nelle mani delle OTA e i ricavi primari pure, di questo passo dove andranno a finire gli hotel?

Come può l'albergatore contrastare quello che sembra, a tutti gli effetti, un declino inesorabile?

La mia risposta è: "Studiando il marketing e andando a creare un'adeguata strategia per il proprio hotel".

Ma il marketing cos'è?

Secondo un'interessante definizione di Russell S. Winer, professore di marketing alla Stern School of Business di New York e autore del libro *Marketing Management*, il marketing è "l'insieme delle attività che mirano a influenzare la scelta del cliente".

L'obiettivo di questo libro è proprio quello di insegnarti queste attività, che ti porteranno passo dopo passo al risultato finale, ovvero:

- Acquisire clienti
- Aumentare le vendite
- Generare profitti

Ma vediamo di fare un passo indietro e di ripartire da capo... cioè dalle presentazioni di rito.

Mi chiamo Marco Massai e mi occupo da sempre di marketing e di vendite, e in particolare dal 2010 a oggi, con l'azienda Evols di cui sono presidente, ci occupiamo di realizzare software gestionali e soluzioni di web marketing per il mondo dell'ospitalità.

La mia esperienza, in realtà, nasce molto prima e si sviluppa attraverso un percorso composito: un iter professionale che – considerato sotto un certo punto di vista – si è fatto da sé e mi ha portato, passo dopo passo, dove sono oggi.

Ho iniziato occupandomi di marketing per diverse aziende, fino a creare e sviluppare il primo sito di e-commerce italiano per la vendita di vini toscani nel mondo. È stato un inizio: una prima scintilla... il proverbiale "eureka!" che mi ha aperto gli occhi, facendomi capire quanto fosse stretto il legame tra marketing e software.

L'esperienza nel mondo alberghiero è iniziata subito dopo ed è nata e cresciuta seguendo proprio questo filo rosso. Oggigiorno, il marketing non può prescindere da alcuni strumenti di base, che ne costituiscono di fatto il braccio armato a livello strategico: parlo del legame fra un progetto di marketing ben strutturato e adeguati strumenti di software, un'accoppiata vincente a tutti gli effetti.

È a questo *know how* che Evols deve la sua crescita. Giusto per farti capire di cosa parlo, ecco qualche numero.
Oggi l'azienda conta più di 1500 hotel clienti con 90000 camere gestite, e fornisce un'assistenza continua, giorno e notte, per 365 giorni all'anno.

Questi dati spiegano perché, all'inizio del 2017, Evols sia stata acquisita dal più importante gruppo italiano di software gestionali per aziende e professionisti: Teamsystem Spa.

Un bel traguardo? Sì… ma non solo.

Anziché un punto di arrivo, abbiamo preferito pensarlo come un punto di partenza per raggiungere il prossimo (provvisorio) traguardo: diventare i numeri uno del settore in Italia. L'obiettivo – certo – è ambizioso, ma gli strumenti per raggiungerlo li abbiamo e sono molti.

Tra i primi c'è quello che mi piace definire "uno sguardo ad ampio raggio": la volontà, cioè, di ragionare in base a un orizzonte allargato. Per fare ciò, occorre partire proprio dalle potenzialità nel settore turistico, spesso non adeguatamente sfruttate, del nostro Paese.

L'Italia è il *Bel Paese* per eccellenza: una terra che da secoli – da molto prima che si iniziasse a parlare esplicitamente di turismo – di fatto attrae flussi di visitatori entusiasti. Già nel Settecento, infatti, era una tappa irrinunciabile del cosiddetto *Gran Tour*: un viaggio attraverso l'Europa che ogni giovane uomo di buona famiglia doveva obbligatoriamente fare.

Un po' come un Interrail, insomma... ma senza treni. E – in linea di massima – fatto non certo da giovani squattrinati, ma da rampolli delle migliori famiglie del Continente.

Ecco, mi sono soffermato un po' sul tema giusto per sottolineare quanto le potenzialità del nostro Paese fossero conosciute ancor prima che nascesse il turismo modernamente inteso... e prima che nascesse anche l'Italia come entità politica.

Se è vero, infatti (e vero lo è, con ogni evidenza!) che la bellezza è una delle nostre principali risorse e uno dei nostri più importanti assi nella manica, allora il turismo – come settore economico – può essere considerato a tutti gli effetti come un vero e proprio volano di crescita.

È questo che intendo, quando dico che credo (e il verbo "credere" non lo uso certo a caso) che gli albergatori italiani siano seduti su una miniera d'oro... inutilizzata, però.

Ecco perché ho deciso di scrivere questo libro: per aiutarti a scoprire l'immenso tesoro che si nasconde sotto i tuoi piedi. Per permetterti di utilizzare nel miglior modo possibile le risorse implicite di un mestiere che è sempre esistito e che non smetterà mai di esistere... perché affonda le radici in una risorsa – la bellezza di un Paese che ha sempre magnetizzato le folle – che è rimasta intatta nel tempo.

Si tratta solo di crederci. E (ovvio!) di avere gli strumenti giusti per far decollare il tuo business... ma a questo ci penserò io. Basta che tu mi segua – passo passo – attraverso le pagine di questo libro.

Capitolo 1:
Il marketing: i pregiudizi da dimenticare

"È più facile spezzare un atomo che un pregiudizio" diceva Albert Einstein, uno che di atomi – decisamente – se ne intendeva!

I pregiudizi sono il male: lo dico senza peli sulla lingua, perché ne sono realmente convinto. Luoghi comuni, clichés... chiamali come ti pare: i pregiudizi sono il classico bastone tra le ruote. Qualcosa che blocca la nostra mente e la incatena, impedendole di crescere e di elaborare nuove (e più efficaci) soluzioni ai nostri problemi.

Tutto questo succede purtroppo anche nell'ambito del business.

Gli albergatori schiavi di pregiudizi consolidati sono moltissimi.

E questo finisce spesso per giocare a loro discapito.

Tra i vari bersagli dei pregiudizi più comuni, ce n'è uno – in particolare – verso cui sono davvero in tanti a mettere le mani avanti: parlo del marketing.

Me ne sono reso conto nel corso degli anni: è davvero raro, in ambito aziendale, trovare una disciplina più bistrattata. Ed è un peccato. Davvero.

Soprattutto se si prova a guardare un po' più in là del proprio naso e a considerare Paesi e ambiti diversi dal nostro, in cui il marketing – lungi dall'essere infamato – funziona piuttosto come trampolino di lancio. Un'arma perfettamente in regola, che viene usata per quello che è: uno strumento del mestiere, indispensabile se si vuole far decollare la propria attività.

Insomma, parliamoci chiaro: se sei un proprietario d'hotel o un manager, è ora di mettere da parte pregiudizi e idee stantie e di iniziare a capire innanzitutto cos'è – realmente – il marketing, e in secondo luogo che, di fatto, non puoi farne a meno.
Né – tantomeno – che può farne a meno la tua struttura.

Oggi, infatti, non è possibile fare impresa prescindendo dalla conoscenza del marketing e dall'uso dei suoi strumenti.
A meno di voler condannare te stesso e il tuo hotel a una lenta e inesorabile agonia… che probabilmente, anzi, lenta non lo sarà

affatto. Soprattutto se i tuoi concorrenti, nel frattempo, avranno iniziato a fare marketing sul serio.

Il rischio principale è quello di trovarsi sbalzati fuori dal mercato e di rimetterci le penne... o meglio: i quattrini.

SEGRETO n. 1: il marketing in Italia è una disciplina non conosciuta e non applicata, mentre in molti Paesi esteri rappresenta il trampolino di lancio di tutte le attività aziendali. Se non vuoi rimanere tagliato fuori dal mercato devi iniziare da subito ad applicarlo alla tua impresa.

Ma vediamo di scendere nello specifico e di vedere quali sono – realmente – i pregiudizi che circolano a proposito del marketing. Te ne ho stilato un elenco ben nutrito, in modo che tu possa facilmente renderti conto di cosa parlo.

1 - Fare marketing non ti serve

Pensi sul serio di poter fare a meno del marketing? Mi spiace dirtelo, ma se la pensi così stai incorrendo in un grave errore che potrebbe portarti a tragiche conseguenze. Questo è il primo pregiudizio di cui dovrai liberarti definitivamente. Comincia da subito a mettere in soffitta questo luogo comune, così come hai fatto con i giocattoli di quando eri piccolo. Se non lo farai al più presto, ti troverai a dover scegliere tra questo pregiudizio e il benessere (o meglio: la sopravvivenza!) del tuo hotel.

Fare marketing infatti è in assoluto una delle cose più utili per il successo della tua attività. Le aziende costrette a chiudere i battenti sono appunto quelle che – proprio come una casa senza fondamenta – sono nate senza una solida strategia di marketing.

2 - Il web marketing non ti serve

Questo pregiudizio scaturisce direttamente dal pregiudizio precedente. Chi pensa che il marketing non serva, a maggior ragione penserà che non serva farlo online.

Il web marketing invece è doppiamente potente. Sia perché sfrutta il canale online, che ormai è diventato il principale mezzo di informazione e comunicazione; sia perché ha il vantaggio di essere assolutamente misurabile. A differenza del marketing tradizionale, con il marketing online puoi conoscere il ROI (*Return On Investment*) derivato da ogni singolo investimento.

I pregiudizi verso il marketing online nascono, per certi versi, da una vecchia idea: che il web, e i social network in particolare, siano un luogo destinato esclusivamente allo svago. Nei capitoli successivi vedremo invece come il web e i social si prestino invece a essere degli ottimi strumenti per creare relazioni con il tuo target di riferimento, accompagnando i tuoi futuri ospiti verso il processo di prenotazione. C'è tutta un'economia, ormai, che gira intorno al mondo del web: il business con la B maiuscola. Non credo proprio che tu voglia restarne fuori.

SEGRETO n. 2: nel mondo online passano moltissime relazioni finalizzate al business e alle vendite vere e proprie. Le prenotazioni ne rappresentano un esempio tangibile. Fare marketing online ormai è una necessità, con in più il vantaggio che i risultati del web marketing possono essere misurati con grande attendibilità.

3 - Le vendite sono più importanti del marketing

La divisione vendite è quella che porta i soldi. Su questo non ci piove. Il settore commerciale è senza dubbio nevralgico in qualunque azienda: niente vendite, niente clienti; niente clienti, niente soldi. Non c'è nemmeno bisogno di spiegarlo. Ma guardiamo un attimo dietro le quinte.

Perché una divisione vendite funzioni al meglio, è indispensabile che dietro ci sia chi crea il terreno fertile in termini di notorietà, riconoscibilità, posizionamento, reputazione, nuove opportunità. In pratica è la divisione marketing che ha il compito di creare l'humus affinché il miracolo della vendita (soldi in cambio di fiducia) si possa realizzare e ripetere. Questo significa che se il lavoro dei commerciali è senza dubbio di primaria importanza, ciò non toglie che il marketing abbia quantomeno la stessa rilevanza, se non di più.

Funziona proprio come uno spettacolo: gli uomini delle vendite si muovono sul palcoscenico mettendo in campo tutta la loro bravura, sudando sotto le luci della ribalta. Quelli del marketing lavorano dietro le quinte, scrivono i testi, dirigono le luci, scelgono le musiche, creano i costumi, curano la regia.
Solo così lo spettacolo va in scena con successo.
SEGRETO n. 3: se vuoi assicurarti la crescita della tua azienda devi deciderti a dare spazio adeguato al marketing,

perché alla base del successo delle vendite c'è sempre una valida strategia di marketing.

4 - Per fare marketing non servono competenze

Sminuire il valore di qualcosa equivale ovviamente a esagerarne la semplicità di fondo. C'è chi si improvvisa scrittore solo perché da quando è piccolo tiene un diario segreto, e ci sono alcuni imprenditori convinti di saper fare marketing per scienza infusa. D'altra parte, il marketing è qualcosa di banale... intuitivo... o no? Nossignore.

Il marketing non può farlo chiunque, così come non tutti possono improvvisarsi pittori, scrittori o musicisti.

Il marketing è lungi dall'essere una cosa semplice. Ci vogliono studio, professionalità, competenza ed esperienza sul campo per ottenere risultati. Ci vuole anche la capacità di imparare dagli errori mettendoli a frutto. Solo così si potranno affinare giorno dopo giorno strategie e strumenti, e ottenere risultati sempre migliori. In caso contrario, si rischierà solo di incorrere nell'ennesima perdita di tempo. Senza, peraltro, cavare un ragno dal buco.

5 - Il marketing si può fare "a tempo perso"

Il marketing non si può improvvisare. Per ottenere i risultati desiderati devi studiare attentamente lo scenario in cui ti muovi, devi scegliere gli strumenti adeguati e mantenere un'attenzione sempre viva in corso d'opera. E non basta: devi verificare con costanza i risultati raggiunti per poter aggiustare il tiro ogni volta che occorre.

In pratica devi agire come un vero e proprio stratega e iniziare a ragionare di conseguenza, e nella storia non si è mai visto uno stratega che abbia vinto una guerra dedicandogli solo qualche ritaglio di tempo.

Questo significa una cosa molto semplice: il marketing richiede tempo *ben investito*... tempo, cioè, che finirà per convertirsi in profitti. D'altra parte, non è anche questo il significato dell'espressione "il tempo è denaro"?

6 - Va bene fare marketing, ma senza spendere!

Se abbiamo appena detto che non possiamo fare marketing senza destinargli il giusto tempo, a maggior ragione non potremo farlo senza investirci del denaro.

Questo significa che se vuoi ottenere dei risultati con le tue attività di marketing devi decidere di mettere mano al portafoglio. Non devi necessariamente partire con grandi importi: ti basterà destinare una piccola percentuale del tuo fatturato agli investimenti in questo settore.

Ti accorgerai ben presto che, se fatto con impegno e accuratezza, il marketing ti porterà sempre nuovi guadagni. Questo è ancora più vero proprio nel mondo alberghiero dove, come vedremo nei prossimi capitoli, puoi seguire in maniera estremamente precisa, soprattutto nel marketing online, il modo in cui i tuoi investimenti si trasformano in nuove prenotazioni.

SEGRETO n. 4: non puoi pensare al marketing come a un'attività da gestire nei ritagli di tempo e senza un minimo budget. Per ottenere risultati devi mettere in campo, oltre a tutta la tua passione, la giusta dose di tempo e risorse economiche per portare avanti con continuità e intensità le tue azioni.

7 - Chi fa marketing è disonesto

C'è poi, intorno al tema, un pregiudizio di tipo morale, una specie di snobismo di fondo che appioppa al concetto di marketing l'accusa nientepopodimeno che di immoralità. Come se guadagnare e mettere a frutto le proprie risorse fosse qualcosa di cui vergognarsi.

Si tratta di un misto di vergogna e di ipocrisia, perché diciamocelo, nessuno si metterebbe a fare l'imprenditore solo per passione, senza, cioè, una concreta prospettiva remunerativa.

D'altra parte, concretamente, cos'è il marketing? Proviamo a scomodare Wikipedia e a vedere che definizione ci dà della materia: "Il marketing è un ramo dell'economia che si occupa dello studio descrittivo del mercato e dell'analisi e dell'interazione del mercato e degli utilizzatori dell'impresa. [...] Il marketing comprende quindi tutte le azioni aziendali riferibili al mercato destinate alla vendita di prodotti o servizi, considerando come finalità il maggiore profitto e come causalità la possibilità di avere prodotti capaci di realizzare tale operazione finanziaria".

Cioè? In parole povere, fare marketing significa pianificare la propria attività imprenditoriale in modo analitico e strutturato per ottenere un ritorno economico. Perché tutto questo dovrebbe essere immorale?

8 - Fare marketing equivale a fare pubblicità

Capita spesso che si faccia confusione tra parole come *marketing* e *pubblicità*, e sono in molti a pensare che i due termini siano sinonimi. In realtà, però, si tratta di due concetti assolutamente distinti, per cui è possibile (e purtroppo molto frequente) che chi si occupa di pubblicità non sappia assolutamente nulla di marketing.

Ma vediamo di andare al nocciolo della questione. Cos'è il marketing, lo abbiamo visto. Vediamo ora di capire cos'è la pubblicità.

Tra le famose "4P del marketing" teorizzate da Jerome Mac Carthy (prodotto, prezzo, distribuzione – in inglese *place* – e promozione) la pubblicità rappresenta di fatto la quarta P. La promozione, quindi. La pubblicità è, infatti, "ciò che rende pubblico qualcosa a qualcuno": rappresenta quindi un aspetto del marketing… ma non si identifica con esso.

Tanto per fare un esempio, marketing è, oltre che l'analisi preliminare del mercato, il modo che si usa per convincere il potenziale cliente che si ha il prodotto giusto per lui; la pubblicità è invece la modalità con cui si comunica al cliente l'esistenza del prodotto in questione.

SEGRETO n. 5: marketing e pubblicità non sono la stessa cosa! Fare marketing significa analizzare il mercato e impostare una strategia per convincere i potenziali clienti che si ha il prodotto giusto per loro. La pubblicità rappresenta la modalità con cui questo viene comunicato. In funzione della tua strategia userai contenuti e mezzi di comunicazione differenti.

Ecco, ti ho elencato alcuni dei principali pregiudizi sorti intorno alla tematica. In realtà, potrei trovarne altri ma non mi dilungo oltre. Preferisco passare alla parte costruttiva del nostro percorso insieme, mostrandoti quelle che sono le fondamenta di una strategia di marketing ben strutturata.

RIEPILOGO DEL CAPITOLO 1:

- SEGRETO n. 1: il marketing in Italia è una disciplina non conosciuta e non applicata, mentre in molti Paesi esteri rappresenta il trampolino di lancio di tutte le attività aziendali. Se non vuoi rimanere tagliato fuori dal mercato devi iniziare da subito ad applicarlo nella tua impresa.

- SEGRETO n. 2: nel mondo online passano moltissime relazioni finalizzate al business e alle vendite vere e proprie. Le prenotazioni ne rappresentano un esempio tangibile. Fare marketing online ormai è una necessità, con in più il vantaggio che i risultati del web marketing possono essere misurati con grande attendibilità.

- SEGRETO n. 3: se vuoi assicurarti la crescita della tua azienda devi deciderti a dare spazio adeguato al marketing, perché alla base del successo delle vendite c'è sempre una valida strategia di marketing.

- SEGRETO n. 4: non puoi pensare al marketing come a un'attività da gestire nei ritagli di tempo e senza un minimo budget. Per ottenere risultati devi mettere in campo, oltre a tutta la tua passione, la giusta dose di tempo e risorse economiche per portare avanti con continuità e intensità le tue azioni.

- SEGRETO n. 5: marketing e pubblicità non sono la stessa cosa! Fare marketing significa analizzare il mercato e impostare una strategia per convincere i potenziali clienti che si ha il prodotto giusto per loro. La pubblicità rappresenta la modalità con cui questo viene comunicato. In funzione della tua strategia userai contenuti e mezzi di comunicazione differenti.

Capitolo 2:
Le fondamenta del marketing

Secondo molte persone il marketing agisce su una serie di canali quali il sito dell'azienda, i social network, la pubblicità online e offline, le relazioni pubbliche.

Se anche tu sei convinto di questo, mi dispiace dirti che sei completamente fuori strada!

Il marketing agisce nella mente dei tuoi clienti: di quelli che hai già o dei potenziali, cioè quelli che potresti avere, influenzandone le decisioni.

Sembra una magia, ma in realtà si tratta di qualcosa di molto concreto. Qualcosa che, come vedremo nelle pagine seguenti, si può conseguire seguendo una precisa strategia.

L'azione che svolge il marketing nella mente dei tuoi clienti ha un nome: *brand positioning*, cioè posizionamento di marca.

Per capire cosa si intende concretamente, prova a immaginare la mente del tuo potenziale cliente come lo scaffale di un supermercato. Il posizionamento di marca è l'attività che posiziona il tuo brand nel ripiano più in vista, quello su cui cadrà l'occhio e verso il quale il tuo cliente allungherà la mano.

In altre parole, il posizionamento di marca è un'attività di marketing che, nella mente del tuo cliente, colloca il brand del tuo hotel nella casella più in alto. In posizione predominante, quindi.
Inventato da Al Ries e Jack Trout negli anni Settanta e diffuso poi in Italia da Frank Merenda e Marco De Veglia, il posizionamento di marca è ancora oggi alla base di ogni strategia di marketing di successo.

Questo processo – attuato con strumenti diversi, a seconda del momento storico – è di fatto sempre esistito. Oggi, però, la sua importanza è forse addirittura maggiore rispetto al passato. Sai perché?
Prova a fare mente locale. Internet ha rivoluzionato non solo il nostro modo di vedere le cose, ma anche la quantità di informazioni disponibili. Ogni giorno veniamo investiti da offerte di hotel che moltiplicano la nostra possibilità di scelta in modo

esponenziale: è una valanga di informazioni, un vero e proprio diluvio difficile da dominare.

Come si gestisce tutto questo?

Stabilendo un filtro che riduca la quantità di informazioni, limitandole a ciò che percepiamo come migliore per noi. Filtrare quindi – oggi più di ieri: non mi stancherò mai di sottolinearlo – è il primo, fondamentale passo per poter fare una scelta.

Il posizionamento serve proprio a questo: non solo a dare visibilità, ma soprattutto a mettere in evidenza il nostro hotel e ad agevolare la scelta del nostro cliente.

SEGRETO n. 1: il posizionamento di marca serve a scavalcare la ressa di alternative a disposizione del tuo interlocutore, facendoti percepire nella sua mente come la scelta migliore per lui.

Nello specifico, all'interno della nostra strategia di marketing lo scopo principale del posizionamento è consentirci di fare il salto di qualità: di richiedere, cioè, un prezzo più alto dei nostri competitor.

Ora, giusto per usare un'immagine rubata al mondo dello sport, prova a pensare che nella mente di ciascuno di noi per ogni categoria merceologica ci siano solo tre posti sul podio. Al primo posto mettiamo il leader, al secondo il co-leader, al terzo posto… quello di cui probabilmente non ti ricordi il nome.

Facciamo un esempio: se pensiamo a un hotel di lusso a Milano, che brand ci vengono in mente?
Io penso subito al Seven Stars Galleria e al Mandarin Oriental. Se dovessi quindi scegliere un soggiorno a Milano all'insegna del lusso la mia scelta verterebbe su uno dei primi due, e probabilmente non prenderei neanche in considerazione una terza opzione.

Eccoci arrivati al nocciolo della questione: l'obiettivo di una strategia di marketing e del posizionamento è fare centro, cioè occupare il gradino più alto del podio. Nella logica di spartizione della torta, infatti, chi arriva primo si becca la parte più grossa del dolce, al secondo resta la fetta più piccola e al terzo rimangono le briciole. D'altra parte, è un dato di fatto: il mercato è immenso, ma non infinito. Sparare nel mucchio non basta… a meno che il tuo obiettivo non sia limitarti a sopravvivere o, tutt'al più, a emergere. Cosa che, peraltro, ti sconsiglio nel modo più categorico: in una congiuntura economica come quella attuale, infatti, non c'è spazio per gli obiettivi intermedi e i posti sul podio scarseggiano; motivo per cui *arrivare*, in questo momento, significa di fatto arrivare primi o non arrivare affatto.

Cosa vuol dire? Che se non sei leader o co-leader di una categoria, allora devi giocoforza creare un'altra categoria che ti permetta di spiccare. O, in alternativa, individuare una categoria già esistente all'interno della quale tu possa affermarti come il numero uno.
Per esempio "Hotel gay-friendly a Roma" è una categoria che già esiste. Tu, però, potresti colonizzarla... distinguerti dalla massa indifferenziata di offerte e guadagnare il tuo primo posto sul podio del settore.

SEGRETO n. 2: l'obiettivo della tua strategia di marketing è di posizionarti sul gradino più alto del podio che si crea nella mente del tuo interlocutore. Se non puoi essere il leader della tua categoria, devi sceglierne o crearne un'altra in cui

spiccare.

La parolina magica, infatti, è proprio questa: differenziarsi, non essere uguali a nessuno. È questa la chiave di volta di una strategia di marketing ben strutturata ed è questo il segreto del brand positioning: essere diversi, non migliori! È la vecchia logica della pecora nera... ripensata, però, in favore della pecora nera. Quella che si distingue dal gregge.

In molti siti leggo che sono tanti gli hotel che garantiscono ai propri clienti servizi di qualità. Come ti avevo anticipato, però, il problema è che la percezione è un fattore mentale: una questione di *recezione*, non di realtà oggettiva. Il cliente-tipo, mediamente, non è in grado di valutare la reale qualità di un prodotto o di un servizio, e spesso finisce per scegliere la qualità percepita, il che significa optare per un mix di fattori razionali e irrazionali. Non sono quindi i dati oggettivi quelli che contano; non sono i servizi di qualità sbandierati dagli hotel ciò che farà sentenziare al cliente: "Wow, questo sì, che è un prodotto di qualità!".
Ecco perché, nella maggior parte dei casi, quello che tende a emergere è il prodotto del leader di categoria o il più costoso.

Un Hilton costa più di un Best Western? Fantastico! Questo – di sicuro – vuol dire che il servizio sarà migliore. Così, almeno, penserà la maggior parte delle persone.

È questa la ragione principale per cui ti conviene abbandonare la strada della qualità e puntare – come ti suggerivo prima – sulla differenziazione. La chiave del successo (scriviamolo pure a caratteri cubitali) è la DIVERSITÀ.

Si tratta quindi di fare uno scrupoloso screening della tua offerta e intercettare quel qualcosa in più in grado di distinguerti dai tuoi concorrenti e di farti diventare la "pecora nera", rendendo la tua offerta più appetibile. D'altra parte, le pecore nere non vengono apprezzate solo da chi ragiona in termini di gregge.

È il caso quindi di ripartire da zero, o meglio da alcune semplici (ma inderogabili) domande:

- In che cosa il mio hotel, i miei servizi, le mie camere sono diversi dal resto di ciò che offre il mercato?
- C'è, nella mia offerta, qualcosa che la rende unica?

- Come posso comunicare la mia unicità in modo tale che il cliente la assimili come "qualità percepita"?

Alcuni hotel hanno la fortuna di poter tirar fuori dal cappello del mago il classico jolly senza dover fare troppi sforzi. Basta avere un'ubicazione particolare, poter usufruire di un panorama mozzafiato... o avere altri assi nella manica.

Per esempio, il nostro cliente Villa Athena ad Agrigento è l'unico hotel immerso nella valle dei Templi da cui si può godere della spettacolare vista del Tempio della Concordia, sentendosi letteralmente "in braccio" alla Magna Grecia.

Non tutti, però, hanno dalla loro parte caratteristiche simili. Anzi, diciamocelo: la maggior parte degli hotel si trova inserita in contesti del tutto ordinari. Come venirne fuori, quindi?

Come puoi mettere a fuoco i tuoi tratti distintivi e trasformarli in punti di forza?

Alcuni strumenti li hai già sotto mano senza rendertene conto: basta semplicemente usarli. Come?

Andando, per esempio, su siti di riferimento (come TripAdvisor o simili) e mettendoti a studiare – sì: studiare... nel vero senso del termine! – le recensioni del tuo hotel. Il trucco sta proprio nell'andare a spulciare le recensioni positive, individuando quali sono gli aspetti più apprezzati dai clienti.

Potrai così costruire la tua differenziazione proprio sulla base di questi elementi.

In alternativa, si può partire da un presupposto diverso: analizzando i singoli servizi offerti dai diversi hotel, puoi vedere se tra questi ce n'è qualcuno che ti rende differente (e quindi appetibile) rispetto alla concorrenza.

Per esempio, L'Albereta sul lago d'Iseo è l'unico hotel al mondo la cui suite principale ha un tetto retrattile che permette di vivere un'esperienza magica: dormire sotto le stelle! In questo caso, quindi, la differenza la fa un'esperienza... che se non unica, è sicuramente inconsueta e non alla portata di tutte le strutture.

SEGRETO n. 3: il cliente-tipo non è in grado di valutare la reale qualità di un prodotto/servizio. Sceglierà invece sulla base della percezione che ha di quel prodotto. Questo significa che se vuoi essere scelto devi puntare sulla diversità, sugli elementi che rendono unica la tua offerta e che, in quanto tale,

la faranno percepire come la migliore.

Recentemente ho letto un libro di Jim Collins che si intitola *Good to Great*, nel quale l'autore cita la "teoria della volpe e del riccio". Secondo questa teoria ci sono due tipi di personalità: le volpi e i ricci, appunto. Le volpi le conosciamo bene: sono le protagoniste di tante favole che ci hanno raccontato da bambini... e anche di tanti luoghi comuni che ce le hanno descritte come animali intelligenti e creativi. "Essere furbo come una volpe", per esempio, è un modo dire che chiunque conosce. Secondo la teoria di Collins, le volpi cercano sempre nuovi modi per catturare i ricci.

Ma la teoria di Collins, che si rifà alla citazione "La volpe sa molte cose, ma il riccio ne sa una grande" (Archiloco, uno dei primi poeti greci) ci racconta invece un'altra storia.
Infatti, anche se i ricci non sono intelligenti come le volpi, c'è però una cosa che sanno fare davvero bene: qualcosa che li differenzia da tutte le altre specie animali. Senza se e senza ma. Quando arriva una volpe, infatti, i ricci si raggomitolano su se stessi e si trasformano in un'inaccessibile palla di spine.

Alla faccia delle volpi, che in questo modo – con tutta la loro intelligenza – finiscono per rimanere a bocca asciutta.

Morale della favola? I ricci sono molto più bravi a non farsi prendere dalle volpi, di quanto le volpi siano abili a catturare i ricci. Questo perché i ricci sono focalizzati e specializzati, mentre le volpi non lo sono affatto.

Ora, proviamo a declinare questa parabola in termini di marketing. Le aziende riccio si concentrano su una sola cosa e la fanno al meglio. Il risultato? Fatturati e profitti in costante crescita.

Le aziende volpi invece, vivono nell'illusione di poter fare tutto per tutti e così finiscono per fare tutto male. Questo, se va bene, significa non crescere, ma, se va male, significa chiudere i battenti una volta per tutte.

In un mercato ad alta concorrenza come quello attuale non c'è eccezione che tenga: uno specialista finisce sempre per vincere contro un generalista... anche se, apparentemente, per specializzarsi dovrà rinunciare a una parte del mercato. D'altra parte non funziona così anche in natura? Un albero, per crescere e venire su sano, deve necessariamente essere potato e sfrondato dei rami morti e improduttivi. Altrimenti, per far crescere qualche mela in più, si rischia di far morire tutta la pianta.

Insomma, stringi stringi, il succo del discorso si riduce tutto a un concetto molto semplice. Devi essere un vero e proprio riccio iper-specializzato: non solo quando promuovi il tuo albergo, ma anche quando comunichi la tua marca. Tu, infatti, hai ben chiaro come è fatto il tuo hotel... ma i tuoi potenziali clienti no. Perché un cliente, quindi, arrivi da te e non si faccia fagocitare dal mare magnum delle offerte disponibili sul mercato, devi essere capace di comunicare una e una sola cosa: la tua "promessa di marca". E centrare l'obiettivo!

Eccoti degli esempi di posizionamenti di marca:

- Città del Mare – Terrasini (PA): "L'unico hotel Village d'Europa con scivoli che finiscono dritti in mare"
- Hotel Giò – Perugia: "L'unico hotel in stile Jazz&Wine presente in Umbria"
- Maranello Village – Maranello (MO): "L'unico hotel a tema

Ferrari nel mondo"

- Alfa Fiera Hotel – Vicenza: "L'unico hotel di fronte alla fiera di Vicenza"

- Hotel Concorde – Fiuggi (FR): "L'unico hotel pensato per la terza età"

- Grand Hotel Berti – Silvi Marina (TE): "Il primo e l'unico albergo 5 stelle sul mare presente in Abruzzo"

- Etruscan ChocoHotel – Perugia "L'unico hotel interamente dedicato al cioccolato"

- Welcome Piram Hotel – Roma: "L'unico hotel nel centro di Roma con piano bar aperto tutti i giorni"

SEGRETO n. 4: affinché un cliente ti scelga devi essere in grado di comunicare la tua promessa di marca. Quella che ti rende diverso da tutti gli altri e unico nel tuo genere per cui chi è interessato a quella caratteristica dovrà scegliere proprio te.

Il target di riferimento

"Tutto il mondo è paese" si dice. E invece no: non è affatto vero. Su proverbi come questo si è costruita una percezione errata, che non ha nulla a che vedere con la realtà dei fatti. La verità è che siamo diversi: non tenerne conto può avere effetti deleteri sulla tua attività.

Uno degli errori più comuni che si compie quando si apre o si gestisce una struttura ricettiva è, infatti, cercare di far andare bene a chiunque il proprio hotel. Prescindendo, cioè, da fattori di base come la nazionalità, il sesso, l'età o le pure e semplici ragioni che hanno spinto il cliente a prenotare in un posto piuttosto che in un altro.

Ecco perché – se vuoi centrare in pieno i tuoi obiettivi – è fondamentale individuare il giusto target di riferimento. Cercando poi di trasformarlo in clientela effettiva.

Ma vediamo di fare un esempio. Anzi, due: per un hotel di Canazei, in inverno, il target di riferimento sarà rappresentato da chi ama sciare; non certo da chi, semplicemente, vuole fare le vacanze. Così come, in linea di massima, chi cerca un agriturismo nella campagna toscana vorrà godersi un'esperienza di contatto immersivo nella natura e avrà poco a che spartire con il target, per fare un esempio a caso, di un hotel di Ibiza.

Se vuoi capire qual è il tuo target di riferimento, quindi, la prima cosa da fare è sederti, fare mente locale e cercare di rispondere con la massima calma e per iscritto a queste domande:

- Prendendo in considerazione le caratteristiche della mia struttura e il mio posizionamento di marca, quale tipologia di cliente sono in grado di servire nel modo migliore?

- Quale tipo di cliente può essere influenzato dalle capacità attrattive della mia ubicazione?

- Recensioni positive della mia struttura alla mano, quali sono i punti di forza che mi permettono di rivolgermi a un determinato target?

- Analizzando i dati dal mio software gestionale alberghiero (PMS), quali sono le caratteristiche della maggior parte dei clienti che hanno prenotato presso di me? Sono famiglie, coppie, singoli? Quali sono gli aspetti che hanno in comune?

- In base ai servizi aggiuntivi che potrei includere nella mia offerta, quali altri target sarei in grado di intercettare?

Probabilmente, una volta preso il passo, sarai tu stesso a trovare altre domande, e quella che ne verrà fuori sarà un'immagine esaustiva e approfondita della tua struttura. Una volta stilate domande e risposte, il gioco è fatto. Avrai sottomano una sorta di identikit (o avatar che dir si voglia) del tuo target di riferimento.

Valutare le prossime scelte operative, a questo punto, ti risulterà decisamente più semplice. Magari potrai cercare di segmentare ulteriormente il tuo target con qualche domanda aggiuntiva. È importante, infatti:

- capire cosa, nel concreto, cerca il tuo potenziale cliente;
- trovare la chiave adeguata per mettere in luce il tuo sito web;
- scegliere con cura i contenuti da includere nel sito.

In un mercato generalista come quello turistico alberghiero, infatti, focalizzarsi su un determinato target implica di fatto differenziarsi rispetto all'offerta dei cosiddetti *competitors*, la concorrenza diretta.

L'obiettivo, quindi, è quello di ritagliare i tuoi servizi su misura per una tipologia di clienti ben delineata.

Una volta individuato con precisione il target a cui vuoi rivolgerti, puoi fare il passo successivo e passare al secondo step. A questo punto, si tratta infatti di definire con chiarezza i tuoi obiettivi decidendo le tempistiche con le quali sviluppare la tua strategia.

A ogni obiettivo corrisponderanno strategie diverse, sia online che offline.

In questa fase è fondamentale prima di tutto conoscere a menadito il tuo target, poi capire quali sono i siti su cui tendenzialmente naviga il tuo potenziale cliente in modo da sapere dove farti trovare, strutturare in modo adeguato la tua pagina web, e calibrare la tua offerta in modo che il target di riferimento trovi esattamente ciò che cerca.

SEGRETO n. 5: una volta definito il tuo posizionamento di marca devi individuare la tipologia di cliente interessata a quell'elemento differenziante (target) e iniziare con lui un incessante dialogo, comunicando le tue offerte in maniera rispondente alle sue aspettative.

RIEPILOGO DEL CAPITOLO 2:

- SEGRETO n. 1: il posizionamento di marca serve a scavalcare la ressa di alternative a disposizione del tuo interlocutore, facendoti percepire nella sua mente come la scelta migliore per lui.

- SEGRETO n. 2: l'obiettivo della tua strategia di marketing è di posizionarti sul gradino più alto del podio che si crea nella mente del tuo interlocutore. Se non puoi essere il leader della tua categoria devi sceglierne o crearne un'altra in cui spiccare.

- SEGRETO n. 3: il cliente-tipo non è in grado di valutare la reale qualità di un prodotto/servizio. Sceglierà invece sulla base della percezione che ha di quel prodotto. Questo significa che se vuoi essere scelto devi puntare sulla diversità, sugli elementi che rendono unica la tua offerta e che, in quanto tale, la faranno percepire come la migliore.

- SEGRETO n. 4: affinché un cliente ti scelga devi essere in grado di comunicare la tua promessa di marca. Quella che ti rende diverso da tutti gli altri e unico nel tuo genere per cui chi è interessato a quella specifica caratteristica dovrà scegliere proprio te.

- SEGRETO n. 5: una volta definito il tuo posizionamento di marca devi individuare la tipologia di cliente interessata a quell'elemento differenziante (target) e iniziare con lui un incessante dialogo, comunicando le tue offerte in maniera rispondente alle sue aspettative.

Capitolo 3:
I canali online: quali usare e come farlo

Tra poco affronteremo il tema relativo ai canali online dove puoi (anzi, devi!) essere presente. Prima, però, ci tengo a sottolineare che anche quando le prenotazioni ti arrivano dalle OTA e dal *booking engine* (il motore di prenotazioni del tuo sito web), ci sono altri canali su cui puoi fare affidamento. L'obiettivo principale, d'altra parte, è sempre lo stesso: entrare in contatto col tuo target. Detto questo, lungi da me il dire che "tutte le strade portano a Roma": intercettare il proprio target non è un gioco di prestigio e neanche qualcosa di semplice e alla portata di tutti. Ci tengo però a sottolineare che le strade disponibili sono diverse.

Tutto, quindi, si risolve nel dilemma di scegliere quali canali presidiare. Il che, di fatto, dipende dai due punti fondamentali intorno a cui deve ruotare la tua strategia. In sintesi, le condizioni fondamentali e ineliminabili sono due.

L'ingrediente segreto che fa di te un unicum è quello che in gergo si definisce "posizionamento di marca". Cosa significhi, di fatto, te l'ho già chiarito nelle pagine precedenti.

Il secondo elemento da cui non puoi prescindere è il tuo target: un vero e proprio personaggio di primo piano, che devi conoscere un po' come se fosse un avatar. Di lui devi sapere tutto... a partire non solo dalle sue caratteristiche principali, ma anche dei luoghi che frequenta. Luoghi virtuali, beninteso.

Una volta definiti i cardini – cioè le fondamenta – di tutto il sistema, potrai fare il passo successivo e scegliere i canali su cui concentrare la tua attività. Scegliere non nel senso passivo del termine – ovvio! – ma in modo assolutamente e radicalmente proattivo. Stabilendo, cioè, quali campagne portare avanti... e definendo, di conseguenza, i canali su cui operare. A questo punto, definirai il budget che vuoi investire e potrai programmare attività e costi nel tempo.

Questo non significa che tutti i canali devono essere necessariamente presidiati! Il segreto del mestiere, infatti, non sta nella quantità, ma nella qualità della tua presenza. O, detta in altri termini: sparare nel mucchio non serve a nulla. La cosa migliore, quindi, è fare delle scelte e – a monte di questo – studiare con attenzione (e soprattutto con costanza!) quello che è un panorama in continua evoluzione.

Non so se ci hai mai fatto caso, ma quando parliamo di internet utilizziamo un termine che dice molto, anche se non ci facciamo quasi mai caso. Non si parla infatti di "*navigazione* internet"? Ecco, la parola non viene usata a caso e traccia una sorta di filo conduttore tra passato e presente. Infatti, come facevano in passato gli antichi esploratori (Magellano, Colombo... giusto per citare alcuni nomi), così nella pratica devi fare tu. Metterti in viaggio, cioè, approcciando il grande mare di internet con la curiosità, l'attenzione e la cautela di un esploratore.

È così che potrai valutare su quali canali la tua presenza è irrinunciabile. Un fotografo, per esempio, dovrà giocoforza essere ben visibile su Instagram... quanto a Twitter, potrà anche lasciar perdere; al contrario, un giornalista che si occupa, puta caso, di politica estera dovrà presidiare obbligatoriamente Twitter e potrà, al contrario, permettersi di snobbare Instagram e simili...
Ecco, tutto questo per dire che, a meno che tu non disponga di

risorse economiche e umane sufficienti a gestirli tutti costantemente e bene, è meglio che tu scelga con attenzione le tue vie d'accesso ai potenziali clienti. Se non è così, piuttosto che aprire un canale e poi trascurarlo, è meglio che tu scelga di non attivarlo proprio.

I canali online infatti sono molteplici e in continua evoluzione. Oltre alle OTA e al sito web, un ruolo molto importante lo rivestono i cosiddetti metamotori: TripAdvisor e Trivago (giusto per citare i più conosciuti) hanno costruito il loro successo grazie al contributo diretto degli utenti. Nati come contenitori che raccoglievano le recensioni e le valutazioni degli ospiti, negli anni si sono sempre più specializzati trasformandosi in veri e propri portali di prenotazione, e stringendo con le OTA una partnership che col passare del tempo si è fatta sempre più stretta.

Oltre ai canali dedicati alle prenotazioni dirette, come il sito web, o quelli intermediati, come le OTA, esistono però numerosi altri mezzi a tua disposizione per instaurare relazioni online con il tuo target di riferimento. Non mi riferisco solo a Google o al tuo sito, ma anche – e soprattutto – ai social: Facebook, Instagram,

YouTube... negli ultimi anni, la rete ha moltiplicato i canali di relazione tra utenti, fino a modificare (nel vero senso del termine) il concetto stesso dello "stare insieme". Oggi, rispetto al passato, le relazioni tra le persone sono in parte smaterializzate e spesso deprivate del contatto diretto, e in parte moltiplicate a dismisura. Ma soprattutto sono estese in modo esponenziale. Il che, dal punto di vista del marketing, rappresenta una risorsa potentissima.

"L'uomo è un animale sociale" scriveva Aristotele: le cose non sono cambiate, si sono semplicemente estese, trasformando in buona parte il linguaggio e le modalità di comunicazione. L'uomo è rimasto un animale sociale e in più... è diventato un animale social!
A te, quindi, spetta il compito di cavalcare l'onda trovando (anche in questo senso) i canali più adatti per comunicare il tuo marchio e stabilendo, in modo diretto o indiretto, una relazione con i tuoi utenti.

Questa relazione, poi, potrà essere declinata in modo diverso: potrà passare attraverso la creazione di un tuo canale ad hoc, con creazione di contenuti (articoli, post, foto, video) rilevanti per il tuo target. Oppure potrai scegliere, almeno all'inizio, di sfruttare alcuni dei canali disponibili principalmente per fare pubblicità mirata, dirottando poi i contatti intercettati sul tuo sito web. Nel prossimo capitolo vedremo quali sono le potenzialità offerte da questi mezzi e come possono essere sfruttati al meglio in sinergia con il tuo sito, con il CRM e gli strumenti di Marketing diretto a tua disposizione.

SEGRETO N. 1: le relazioni online con il tuo target possono svilupparsi su molteplici canali. Alcuni puntano direttamente alla prenotazione, altri servono a costruire una relazione duratura con i tuoi clienti, potenziali e acquisiti.

Se è vero che puoi scegliere di diluire nel tempo la tua presenza sui vari canali online, o addirittura di non adoperarne alcuni, è altrettanto vero però che non potrai fare a meno di avere un tuo sito web; così come, molto probabilmente, non potrai neanche fare a meno delle OTA.

Prima di concentrarci su questi due canali, e soprattutto sul loro rapporto, sgomberiamo il campo da eventuali malintesi: le OTA sono estremamente importanti nelle dinamiche di vendita di una struttura alberghiera. In Italia, in particolare, a causa dell'estrema frammentarietà del mercato, le OTA sono un veicolo di vendita e promozione assolutamente nevralgico di cui è fondamentale comprendere l'importanza.

Le OTA: un nuovo motore di ricerca

L'aspetto interessante che si è venuto a creare negli ultimi anni è che le OTA, oltre che uno strumento di vendita (continueranno a esserlo probabilmente per molto tempo!) sono diventate anche uno straordinario strumento di promozione.

Cosa significa?
Significa che le OTA, se sfruttate nel modo giusto, ti danno la possibilità di traghettare un gran numero di prenotazioni sul tuo sito. Prenotazioni che, con le tue sole forze, anche economiche, probabilmente non saresti in grado di ottenere.
Questo accade perché negli ultimi anni è cambiato il modo in cui gli alberghi vengono cercati online.

In passato, il percorso standard era:

- ricerca su Google con parole più o meno generiche, per esempio: "hotel Roma centro";
- lista di risultati con in pole position i grandi portali (Booking, Expedia ecc.);
- lista infinita di siti di hotel che sgomitavano a colpi di investimenti in SEO (*Search Engine Optimization*) per scalare la hit parade e aggiudicarsi le prime posizioni;
- scelta fra uno o più dei primi risultati (nel 90% dei casi una OTA);
- prenotazione, il più delle volte proprio da un portale.

In questo contesto, riuscire a guadagnare le prime posizioni, soprattutto in caso di location particolarmente gettonate, era praticamente una mission impossible!

Oggi il percorso di chi cerca una camera d'albergo è molto diverso. Il nocciolo della questione sta tutto qui: quello che una volta era il primo risultato di Google (cioè principalmente Booking) è diventato a sua volta un motore di ricerca.

Il percorso standard, oggi, è sintetizzabile in questi step:

- ricerca (principalmente su Booking o Expedia) di location e tipologia di hotel;
- verifica su Trip Advisor (o simili) delle recensioni di una ristretta rosa di alberghi;
- ricerca su Google del nome di uno o più degli hotel prescelti;
- arrivo sul sito dell'hotel per avere informazioni più approfondite e provare a ottenere uno sconto rispetto al prezzo delle OTA.

Il fenomeno è riconosciuto e studiato: lo chiamano *Billboard Effect*: effetto manifesto. È un po' come se le OTA, e Booking in particolare, si fossero trasformate in muri virtuali su cui gli albergatori affiggono i propri manifesti pubblicitari. Ragion per cui, migliore è il tuo posizionamento sulle OTA, maggiore sarà la visibilità del "manifesto pubblicitario" del tuo hotel e quindi la possibilità che i potenziali clienti atterrino sul tuo sito.

A questo proposito vedremo più avanti quanto è importante proteggere il nome del tuo hotel, per evitare l'effetto boomerang:

il fatto cioè che il navigatore, dopo averti cercato su Google, torni sulle OTA. Molte di loro infatti sono presenti, tramite annunci sponsorizzati, anche nelle ricerche per nome hotel.

SEGRETO n. 2: le OTA sono diventate un vero e proprio motore di ricerca specifico per gli hotel e possono trasformarsi in un prezioso alleato: soprattutto perché portano potenziali clienti sul tuo sito web.

Per raggiungere l'obiettivo di ridurre l'incidenza delle prenotazioni provenienti dalle OTA e incrementare le prenotazioni dirette, limitando così il peso delle commissioni che sei costretto a pagare, devi quindi guadagnare le prime posizioni sul sito di Booking e simili: anche quella, infatti, è una "porta di ingresso" per il tuo sito web.

Le OTA usano algoritmi complessi legati a più variabili. Detto ciò, se il tuo hotel è apprezzato dagli ospiti e godi quindi di una buona reputazione online, vedrai il tuo punteggio decollare e scalare le classifiche. Più scali la classifica, maggiori possibilità hai di essere cercato su Google, e in misura minore anche su altri social, da un potenziale cliente.

Per vincere la partita della disintermediazione, uno dei fattori strategici che non puoi permetterti di sottovalutare è quindi la gestione della tua reputazione online. Da qui non si scappa.

La brand reputation: un prezioso alleato

La gestione della tua reputazione (*Brand Reputation*) online non è un gioco da ragazzi e meriterebbe un libro a parte. In questo contesto ci limiteremo a evidenziarne alcuni aspetti fondamentali.

Innanzitutto, devi avere ben chiaro che la brand reputation è una partita che si gioca su due fronti: uno in hotel e l'altro sul web. Proprio così: in un mondo in cui la rete sembra dettare legge, l'offline va coltivato tanto quanto l'online. Il che significa che è impossibile prescindere dal rapporto diretto con i tuoi clienti.

Gestire la brand reputation in hotel significa che il tuo sforzo deve essere quello di prevenire – e non di rilevare a posteriori, quando ormai il danno è fatto! – tutte le potenziali cause di insoddisfazione dei tuoi ospiti.

Un ruolo importante in questo ambito è affidato agli addetti alla reception: figure chiave, che devono essere in grado di gestire al meglio qualunque inconveniente possa verificarsi durante il soggiorno dell'ospite. Il trucco, infatti, sta nel trasformare con efficienza e creatività ogni campanello d'allarme in un'occasione per dimostrare al tuo ospite quanto tieni al suo benessere e alla sua soddisfazione.

Per esempio, l'aria condizionata della camera fa le bizze? Non limitarti a mandare il manutentore, ma provvedi subito a offrire al tuo cliente un upgrade di camera per farti perdonare del disagio subito.

Offrire qualcosa in più ai tuoi ospiti per ripagarli di un piccolo disservizio non è mai uno spreco di denaro, ma un investimento. Ti servirà a dimostrare al tuo cliente che gli imprevisti sono sempre dietro l'angolo, ma che tu sai affrontarli con tempestività ed efficienza. È così che riuscirai a dimostrare al tuo ospite che a lui ci tieni sul serio.

Perché l'ingranaggio funzioni come un orologio svizzero, devi anche impartire direttive semplici e chiare al tuo personale, che dovrà sapere con esattezza entro quali margini di azione può muoversi per risolvere i problemi sul nascere.

Se il tuo portiere di notte deve stare in stand-by due ore per capire se assegnare o no una camera di livello superiore al cliente, perché nessuno gli ha mai dato indicazioni in merito, è facile che finisca per scontentare il tuo ospite, chiedendogli di pazientare ad interim in attesa del manutentore. Così facendo provocherà le sue lamentele... e questo solo per evitare di essere accusato di aver fatto di testa propria.

I fronti su cui si gioca la brand reputation sono due, avevamo detto: se il primo è l'offline (cioè il rapporto diretto), il secondo si gioca tutto sul piano della tua reputazione online. È sul web infatti che i tuoi clienti esprimono il loro giudizio sulla tua struttura e sull'esperienza che hanno vissuto durante il soggiorno.

Ci tengo a sottolinearlo ancora una volta: più i giudizi sono positivi, più puoi sperare in un buon posizionamento sulle OTA.

Non solo: molti studi hanno dimostrato – nel caso ce ne fosse bisogno – che i clienti sono anche disposti a spendere qualcosa in più pur di soggiornare in una buona struttura, diversa rispetto alle altre. La classe non è acqua e la qualità si paga: questo i clienti lo sanno molto bene.

Esiste infatti uno stretto legame di causa-effetto fra la buona reputazione online di un hotel e il suo successo in termini di incremento del numero di prenotazioni e possibilità di vendere a tariffe più alte.

Il rovescio della medaglia è evidente. Il gioco, cioè, funziona anche al contrario, in modo specularmente opposto: più è bassa la tua reputazione online, più soldi perdi.

Gestire al meglio la reputazione online non significa ovviamente che non ti succederà mai di ricevere una recensione negativa. Su quello, mettiti pure l'anima in pace: rientra nell'ordine naturale delle cose. Ciò che però è fondamentale è il modo in cui gestirai le critiche.

È vero, infatti, che un commento negativo andrebbe evitato sul nascere… ma è anche vero che – vista sotto un altro aspetto – una critica può rappresentare uno spunto prezioso. Un'occasione, cioè, per far notare la tua attenzione nei confronti dei tuoi ospiti, dimostrando loro che, anche in caso di problemi, sei sempre sul pezzo: pronto a farti carico delle conseguenze e a risarcire l'ospite, con tanto di interessi, per il disservizio subito.

Ma veniamo al dunque: cosa devi fare, allora, per gestire al meglio una recensione negativa?

Ti basterà, di fatto, seguire queste tre semplici regole:

1) rispondi sempre tempestivamente e gentilmente, indipendentemente dal tono della recensione;

2) prendi atto del problema e rassicura il tuo ospite sul fatto che stai effettivamente facendo di tutto per risolverlo;

3) offri qualcosa per scusarti dell'inconveniente: che sia uno sconto, un benefit o addirittura un nuovo soggiorno omaggio… sta a te decidere in funzione di quanto accaduto.

Seguendo queste semplici regole scoprirai che le recensioni negative, se opportunamente gestite, possono essere un'ottima occasione per dimostrare ai tuoi clienti la tua professionalità nel gestire i problemi. Uno spunto, come dicevo, per far capire al cliente quanto sia importante per te.

Per quanto riguarda le recensioni positive, anche quelle – esattamente tanto quanto le negative – vanno seguite e curate. La testimonianza di un cliente soddisfatto, infatti, è la miglior forma di pubblicità (per di più gratuita!) che tu possa ottenere.

Soprattutto, di fronte a una recensione positiva, non dimenticare mai di:

1) rispondere tempestivamente ringraziando il tuo ospite per l'apprezzamento;

2) invitare il cliente soddisfatto a tornare per rinnovare l'esperienza positiva offrendogli eventualmente particolari sconti o benefit per incentivarlo a provare anche nuovi servizi;

3) diffondere la recensione positiva attraverso il tuo sito e i social network a mo' di megafono, amplificandone ulteriormente il valore.

Te lo ricordo ancora una volta: più i tuoi ospiti parlano bene di te, più le prenotazioni cresceranno, e maggiori saranno le tariffe a cui i clienti saranno disposti a prenotare da te.

Da quanto visto fin qui emerge l'importanza di controllare

costantemente le tue recensioni online, così da poter intervenire in modo tempestivo ed efficace. Detto così sembra un lavoro oneroso e dispersivo ma per fortuna, come spesso accade quando ci sono attività che richiedono il monitoraggio e la gestione di grandi quantità di dati, la tecnologia ti può venire incontro.

Nell'ultimo capitolo scoprirai quali strumenti puoi adoperare per raggiungere questo obiettivo e quali sono i requisiti minimi che deve avere un software di gestione della brand reputation perché possa esserti veramente utile.

SEGRETO n. 3: la reputazione online è un potente strumento di vendita e può diventare un tuo prezioso alleato se riuscirai a trasformare le recensioni dei tuoi clienti in un valore aggiunto.

Ora che hai ben chiaro anche come gestire la tua reputazione online, puoi iniziare a giocare la tua partita in modo consapevole. L'obiettivo? Potenziare la disintermediazione, migliorando le tue prenotazioni e i tuoi guadagni.

Prima di entrare nel merito delle strategie e degli strumenti da mettere in campo per giungere a questo risultato, è bene ricordare che in Italia, nell'agosto 2017, è stata definitivamente approvata l'abolizione della *Parity Rate* (l'obbligo di parità tariffaria fra il sito web dell'hotel e le OTA).

Questo provvedimento sancisce che gli hotel italiani, come già avviene per quelli di altri Paesi europei come Francia e Germania, possono offrire sul loro sito tariffe differenti rispetto a quelle pubblicate sulle OTA. Apparentemente si tratta di un grande vantaggio per gli albergatori, ma nei fatti i risultati di questo cambiamento potranno essere valutati solo a distanza di tempo. Le reazioni da parte delle OTA infatti non tarderanno a farsi sentire: quello che è certo è che faranno sicuramente di tutto per rendere i propri portali sempre più appetibili agli occhi di chi deve prenotare un hotel.

Non è mia intenzione dirti ora se devi applicare o non applicare la parity rate fra il tuo sito e le OTA, quello che ci tengo però a sottolineare è che se lavori bene sul marketing puoi permetterti di non abbassare i prezzi sul tuo sito, guadagnando di più e non rischiando di incorrere in eventuali contromisure da parte delle

OTA. Non dimentichiamo infatti che queste ultime restano uno strumento fondamentale per ottenere prenotazioni. Sia che il cliente acquisti sul portale stesso, sia che, come abbiamo visto nelle pagine precedenti, usi le OTA come motore di ricerca per arrivare al tuo sito.

Ed è proprio qui che si gioca la partita. Sul tuo sito non puoi limitarti a intervenire solo sul fattore prezzo, magari sulla scorta dell'euforia per l'abolizione della parity rate. Quello che devi fare invece è agire su tutta una serie di elementi che vedremo in dettaglio nelle prossime pagine.

Il campo ora è pronto, le squadre sono schierate e la palla è al centro.
Ma come si fa a giocare una buona partita e, soprattutto, a vincerla?

Gli errori da non commettere

Se vuoi incrementare le prenotazioni dirette dal tuo sito web, per prima cosa devi fare in modo di evitare come la peste una serie di errori in cui potresti incorrere.

- Stai attento alle conseguenze dell'abolizione della parity rate. L'abbiamo detto. In Italia il provvedimento è stato appena approvato ed è ancora troppo presto per valutarne gli effetti. Ti consiglio di non cadere nella trappola della guerra dei prezzi perché la tua partita la devi giocare altrove...

- Non adoperare sul tuo sito politiche di cancellazione più restrittive di quelle applicate sulle OTA. Se lo fai, spingerai il tuo potenziale cliente ad acquistare dal portale invece che dal tuo sito: lì, infatti, rischierebbe di meno, anche se pratichi un prezzo più basso!

- Non cambiare i nomi delle tue camere dalle OTA al tuo sito web. Se lo fai, il tuo potenziale cliente, appena sbarcato sul tuo sito, non capirà più quale camera sta prenotando e se ne ritornerà quatto quatto sul sito più rassicurante... cioè su Booking.com!

- Cerca di parlare la lingua dei tuoi ospiti: attenzione alle traduzioni poco professionali! Google Translate non traduce... traslittera!, il che è molto diverso e rischia di farti prendere dei granchi enormi. Soprattutto per quanto riguarda lingue idiomatiche come l'inglese. Sugli italiani circolano diversi cliché, tra cui – appunto – il fatto di non conoscere le lingue. Evita di alimentare i luoghi comuni e anche sul fronte delle traduzioni differenziati per qualità: questo, alla lunga, porterà acqua (tanta acqua!) al tuo mulino.

- *Last but not least*: metti in cantiere delle offerte realmente appetibili! In alternativa al prezzo più basso rispetto alle OTA (che non è detto che sia la scelta vincente) offri dei plus ai tuoi potenziali clienti, in modo da convincerli a prenotare dal tuo sito. Attento però a non confonderli! Le offerte devono essere poche e mirate: devono quindi dare valore aggiunto, non creare confusione e disorientamento.

SEGRETO n. 4: Per incrementare le prenotazioni dirette dal tuo sito web, oltre a scegliere un'adeguata strategia tariffaria, devi curare al millimetro la coerenza delle informazioni fra le OTA e il tuo sito web. Solo così potrai evitare che il tuo potenziale cliente se la dia a gambe, rifugiandosi nel rassicurante porto delle OTA.

Perché prenotare dal tuo sito

Abbiamo appena detto che sarà il tempo a stabilire se converrà o meno applicare la parità tariffaria sul tuo sito rispetto alle OTA. Ma, oltre al fattore prezzo, quali sono gli strumenti che puoi adoperare per incentivare il tuo potenziale cliente a prenotare da te?

La risposta sta tutta paradossalmente in un'altra domanda, che ci siamo posti nelle pagine precedenti:

"Considerando le specificità della mia struttura e il mio posizionamento di marca, quale cliente sono in grado di servire al meglio?"

In poche parole, devi far emergere e mettere in luce il tuo elemento di differenziazione. Questo significa che il valore aggiunto che dovrai offrire ai clienti sul tuo sito per indurli a prenotare da te dovrà rispecchiare quanto più possibile il tuo posizionamento di marca, il tuo valore distintivo, quello che ti fa percepire nella mente del tuo potenziale cliente come la scelta giusta per lui. Solo così riuscirai a individuare le leve più efficaci per convincerlo a prenotare sul tuo sito.

Dovrai quindi, a questo punto, dare al tuo cliente un motivo (meglio ancora se più di uno) perché preferisca prenotare sul tuo sito web piuttosto che altrove. Il motivo dovrà rappresentare non un vantaggio puro e semplice nel senso più comune del termine, ma proprio quel vantaggio che per lui fa la differenza. Devi cioè riuscire a far emergere l'elemento differenziante che potrà convincerlo a scegliere proprio te nel mare magnum di offerte che gli passeranno sotto il naso.

Per far questo non ti resta che dare libero sfogo alla tua fantasia e offrirgli degli incentivi che siano rilevanti per lui.

Vanno sicuramente bene tanto il semplice aperitivo di benvenuto quanto l'upgrade gratuito di camera: entrambe le formule sono sempre molto apprezzate. A particolari tipologie di clienti può essere molto gradita anche la possibilità di beneficiare di un early check-in o un late check-out, o la possibilità di acquistare il solo pernottamento risparmiando il costo della colazione.

L'elasticità, in questo ambito, rappresenta sempre un'arma vincente. Soprattutto perché, spesso e volentieri, rappresenta un efficace elemento di distinzione rispetto alla rigidità e alla standardizzazione di altre strutture.

Concentrandoci ulteriormente sugli elementi distintivi del tuo hotel e sulle preferenze del tuo target, altri benefit possono essere uno sconto su una cena per due al ristorante dell'hotel, un servizio di transfer gratuito per l'aeroporto, o ancora un biglietto scontato per un museo o per un concerto, il noleggio a tariffe agevolate di bici o scooter, e tutto quello che la tua fantasia, applicata alla specificità delle tue offerte e alle aspettative dei tuoi ospiti, può suggerirti. Il campo d'azione, come vedi, è decisamente ampio. L'importante è che il vantaggio che offri sia tangibile e rilevante per il tuo target.

Non dimenticare infine nel presentare le tue offerte – sia che si tratti del prezzo della camera, sia che di omaggi o sconti sui servizi aggiuntivi – che un ottimo metodo per indurre il tuo potenziale cliente a concludere l'acquisto è quello di mettergli fretta. Vincola la tua offerta e una scadenza: "Ultima camera superior disponibile", "Accesso omaggio alla SPA se prenoti entro la mezzanotte di oggi"... sono solo alcuni esempi che puoi usare per indurlo a prenotare subito, così da non perdere quel vantaggio aggiuntivo!

SEGRETO n. 5: il cliente che atterra sul tuo sito, dovrà trovare elementi distintivi che lo convincano a scegliere il tuo hotel e condizioni più appetibili rispetto alle OTA. Valide ragioni, quindi, che lo spingano a prenotare direttamente dal tuo sito web.

Una volta che avrai individuato dei validi motivi per indurre i potenziali clienti a prenotare dal tuo sito, ti resterà la parte meno facile: convincerli a farlo!

Perché dico che questa è la parte meno semplice?
Perché nel corso della mia esperienza diretta, a stretto contatto con tante realtà alberghiere, anche molto diverse fra loro, mi sono reso conto che, per quanto paradossale possa sembrare, il sito web dell'hotel continua a essere ancora una sorta di buco nero in grado di risucchiare nel nulla anche il più volenteroso dei potenziali clienti.

Pagine con troppo testo, foto di bassa qualità e spesso nessun video, possibilità di prenotare inserita solo su alcune pagine, moduli di richiesta informazioni con più domande di un interrogatorio dell'ispettore Derrik, difficoltà a trovare l'indirizzo completo e le coordinate GPS, informazioni scarne sul territorio e pressoché inesistenti per quanto riguarda gli eventi... Per non parlare poi del fatto che moltissimi hotel non dispongono ancora di siti web responsive, che siano cioè navigabili con semplicità dal cellulare. Cosa assurda, visto e considerato che il numero di prenotazioni provenienti da dispositivi mobili è in continua crescita!

A questo punto, ti verrà spontaneo chiederti quali siano le caratteristiche che un sito deve avere per essere davvero in grado di convertire gli occasionali visitatori in clienti paganti. Cosa bisogna fare per rendere la propria piattaforma perfettamente efficace? Quali sono le armi segrete che un sito web non può permettersi di non avere? Lo vedremo nel prossimo capitolo.

RIEPILOGO DEL CAPITOLO 3

- SEGRETO N. 1: le relazioni online con il tuo target possono svilupparsi attraverso molteplici canali. Alcuni puntano direttamente alla prenotazione, altri servono a costruire una relazione duratura con i tuoi clienti, potenziali e acquisiti.

- SEGRETO n. 2: le OTA sono diventate un vero e proprio motore di ricerca specifico per gli hotel e possono essere un prezioso alleato perché portano potenziali clienti sul tuo sito web.

- SEGRETO n. 3: la reputazione online è un potente strumento di vendita e potrà trasformarsi in un prezioso alleato se riuscirai a sfruttare a tuo favore le recensioni dei tuoi clienti.

- SEGRETO n. 4: Per incrementare le prenotazioni dirette dal tuo sito web, oltre a scegliere un'adeguata strategia tariffaria, devi curare al millimetro la coerenza delle informazioni fra le OTA e il tuo sito web. Solo così potrai evitare che il tuo potenziale cliente se la dia a gambe, rifugiandosi nel rassicurante porto delle OTA.

- SEGRETO n. 5: il cliente che atterra sul tuo sito dovrà trovare elementi distintivi che lo convincano a scegliere il tuo hotel e condizioni più appetibili rispetto alle OTA. Ragioni

71

valide che lo spingano a prenotare direttamente dal tuo sito web.

Capitolo 4:
La promozione online: un potente alleato

Nel capitolo precedente abbiamo visto che i canali su cui "spalmare" la tua presenza e sviluppare le tue relazioni sono molti, ma ci siamo soffermati prevalentemente su un aspetto: il percorso che da OTA e metamotori può condurre al tuo sito web, anche attraverso una gestione ottimale della tua brand reputation.

In questo capitolo, invece, ci concentreremo maggiormente sulle opportunità offerte da piattaforme come Facebook e Google, e vedremo come adoperare al meglio questi strumenti per veicolare le nostre campagne di marketing. Non entreremo però nel merito della creazione e gestione di pagine, profili e contenuti sui vari social network: un aspetto che, da solo, meriterebbe un libro a parte.

Ci soffermeremo invece brevemente sullo strumento del mailing: arma che, gestita in maniera opportuna, continua a rappresentare un'ottima forma di comunicazione con i clienti attuali e potenziali.

La scelta dei canali

Abbiamo già detto che, una volta individuato il tuo target, è importante capire su quali canali bazzica il tuo cliente-tipo, in modo da farti trovare lì, pronto ad accoglierlo.

Se il tuo hotel si rivolge a un pubblico giovane, Instagram e Facebook saranno i tuoi canali principali. Per un target di nicchia, invece, che ricerca specifiche attività, oltre a Facebook (dove è facile confrontarsi all'interno di gruppi omogenei) Google rappresenterà sicuramente un'ottima piattaforma su cui renderti reperibile da chi opera ricerche mirate. In questo caso è molto importante la pubblicazione di contenuti specifici e ben indicizzati, che possano attrarre l'interesse degli algoritmi di Google e raggiungere il tuo potenziale cliente. In questo senso, i punti di partenza sono le parole chiave (*Keyword*) con cui il cliente effettua le sue ricerche.

Al di là dello specifico target, vediamo comunque che

l'atteggiamento con cui le persone si approcciano ai due colossi online è molto diverso. Google risponde a uno scopo ben preciso: cercare qualcosa. Chi cerca un hotel o una destinazione su Google è già in una fase consapevole del suo processo d'acquisto. Magari la prenotazione dell'hotel non andrà ancora in porto, ma è un dato di fatto che il cliente stia già iniziando a pianificare il suo viaggio, scandagliando informazioni e offerte.

Facebook, al contrario di Google, è invece notoriamente una piattaforma di intrattenimento. Ci si va a fare un po' di tutto: curiosare, raccontare, informarsi... e questo suo essere una piattaforma dai molteplici usi da un lato ti offre ampie possibilità di farti conoscere, ma dall'altro rischia di far inciampare l'utente in molti elementi di "disturbo", che possono catturare e sviare con facilità la sua attenzione.

Il fatto che Facebook sia una piattaforma dai molteplici usi significa che quando si fa pubblicità su Facebook si tende a intercettare più che altro una domanda latente e quindi tendenzialmente meno vicina al processo di acquisto. In compenso però, attraverso una profilazione accurata, è possibile individuare con notevole precisione specifici target di riferimento, a cui destinare annunci mirati.

SEGRETO n. 1: Google esprime la domanda consapevole degli utenti che cercano soluzioni a specifiche esigenze. Facebook, invece, dà voce a una domanda latente, che può essere intercettata attraverso un'accurata profilazione dei destinatari degli annunci.

Come fare pubblicità su Facebook

Sotto l'aspetto della profilazione, Facebook ti offre degli strumenti veramente potenti per intercettare il tuo target e fare centro. Puoi infatti creare gruppi di destinatari delle tue campagne in base a molteplici criteri, raggiungendo diverse tipologie di pubblico:

- Pubblico chiave
- Pubblico personalizzato
- Pubblico simile

Pubblico chiave

Puoi individuare il tuo pubblico chiave in base a molti parametri che possiamo sintetizzare in questo modo:

- Luogo: identifica la provenienza delle persone a cui vuoi rivolgerti.

- Dati demografici: età, sesso, istruzione, titolo professionale, situazione sentimentale e altro ancora.

- Interessi: puoi scegliere fra una gamma estremamente vasta di interessi che l'utente esprime sul suo profilo.

- Comportamenti: comportamenti d'acquisto, uso di dispositivi e altre attività, fra cui – di particolare interesse per il nostro settore – quelle relative ai viaggi, individuando per esempio persone che abbiano recentemente adoperato l'app di Booking o di TripAdvisor, persone che risultano attualmente in viaggio, o viaggiatori abituali.

- Connessioni: puoi rivolgerti alle persone che sono connesse alla tua pagina Facebook (o escluderle se la tua campagna è finalizzata a ottenere nuovi "Mi piace"). Oppure puoi intercettare gli amici di persone già connesse con te: soggetti che potrebbero essere incuriositi o stimolati dal fatto che un loro amico sia già in contatto con te.

Pubblico personalizzato

Anche il pubblico personalizzato può essere creato in base a una serie di parametri specifici:

- Utenti che ti hanno fornito la propria e-mail
- Fan della tua pagina Facebook
- Persone che hanno già visitato il tuo sito

Soffermiamoci in particolare su uno degli aspetti più interessanti: quello legato alla creazione di un pubblico di utenti che hanno già visitato il tuo sito.

Il processo di prenotazione, come sappiamo, non è immediato e prima di confermare il soggiorno ci sono dei passaggi intermedi durante i quali l'utente alla ricerca di informazioni fa le sue valutazioni, visitando diversi siti di hotel per scegliere quello più in linea con le sue aspettative. È fondamentale quindi che tu possa sollecitare le persone che hanno già visitato il tuo sito e che, nel corso di quella prima visita, non abbiano effettuato la prenotazione.

Questa attività si chiama *Remarketing* (o *Retargeting*) ed è di estrema importanza perché ti permette di continuare a sottoporre le tue proposte a chi si è già interessato a te ma non è ancora diventato un tuo cliente.

Dal punto di vista operativo, per creare un pubblico formato dai visitatori del tuo sito, a meno che tu non sia un esperto di HTML (uno dei linguaggi per programmare sul web), è opportuno che tu ti faccia supportare da un tecnico. Per tracciare i visitatori occorre infatti inserire all'interno di ogni pagina del tuo sito il cosiddetto "pixel di Facebook" che ti permetterà di individuare il tuo pubblico sia in funzione delle generiche visite al sito che di specifiche pagine su cui ha navigato.

Ma vediamo di fare un esempio concreto. Mettiamo che tu gestisca un gruppo di hotel in più località italiane: in questo caso potrai proporre a chi ha visitato la pagina dell'hotel di Roma un'inserzione specifica per quella struttura, mentre a chi ha visitato il villaggio in Sardegna potrai sottoporre un'offerta per quella destinazione. Se un utente sul tuo sito ha visitato la pagina degli eventi, potrai invece indirizzargli pubblicità con delle offerte di soggiorno in occasione delle prossime manifestazioni di rilievo sul tuo territorio.

Pubblico simile

Questa opzione è di grande utilità in quanto ti solleva dai possibili errori o lacune in cui potresti incorrere nella profilazione del tuo target. Il Pubblico simile, infatti, è un gruppo di destinatari con caratteristiche simili a quelle che hanno già dimostrato interesse nei tuoi confronti.

La creazione di un pubblico simile parte dal presupposto che il tuo prossimo cliente assomigli al tuo cliente attuale. Facebook ti permette quindi di creare un pubblico individuando persone con caratteristiche analoghe al tuo elenco di clienti attuali o potenziali e/o alle persone che hanno visitato il tuo sito web o che hanno interagito con la tua pagina Facebook o con le tue inserzioni.

Inoltre, potrai affinare la scelta aggiungendo o eliminando fonti di contatto e adeguandoti così al meglio ai profili dei destinatari e alla loro evoluzione.

SEGRETO n. 2: Facebook offre ottime possibilità di profilare il tuo pubblico (chiave – personalizzato – simile) così da permetterti di veicolare annunci mirati per ogni specifico target.

Facebook ADS

Una volta individuato il segmento a cui vuoi destinare la tua inserzione potrai decidere, in funzione del tuo specifico obiettivo, di usare una diversa forma pubblicitaria. In estrema sintesi, le principali forme di inserzioni su Facebook (*Facebook ADS* o *Advertising*) sono:

- Inserzioni con link
- Carosello
- Video
- Foto

La classica inserzione con il link a un articolo di approfondimento continua a essere una buona opportunità per veicolare contenuti di interesse per il tuo target, inducendolo di conseguenza a compiere l'azione che desideri attraverso una *Call to Action* mirata (chiamata all'azione: ne parleremo meglio nel prossimo capitolo).

La scelta di un video può essere quella più indicata se vuoi suscitare un'emozione nel tuo interlocutore o se vuoi presentare in maniera coinvolgente un tuo servizio. A questo proposito ricorda che la brevità, se è ben architettata, premia sempre. Se produci un video stringato ma esauriente, da 15 secondi circa, magari fruibile anche senza audio, è più facile che il tuo potenziale cliente lo guardi fino in fondo. Le persone che accedono a Facebook da mobile ormai sono la maggioranza.

Le inserzioni a carosello (una nutrita gallery di immagini, ciascuna dotata di link che rimanda a una specifica pagina web) possono essere utili, invece, se vuoi attirare l'attenzione sulle attività offerte dal tuo villaggio turistico. Dal windsurf, allo snorkeling, alle immersioni subacquee, una carrellata di foto con il link alla specifica sezione del tuo sito che le illustra può decisamente fare presa su chi ama queste attività e vuole informazioni in merito.

Una bella foto, infine, ha senz'altro un elevato appeal e ti permette di suscitare interesse in tempi estremamente rapidi, portando il navigatore, attraverso il relativo link, alla pagina su cui vuoi farlo atterrare.

Parlando di foto un capitolo a parte meriterebbe Instagram, piattaforma sempre più diffusa soprattutto per quanto riguarda i giovani, che grazie anche all'introduzione delle "storie" (i cui contenuti restano online solo 24 ore) tende sempre più a diffondersi a macchia d'olio. Ogni giorno sono circa 150 milioni le persone nel mondo che usano le storie. Insomma, si tratta senza dubbio di un'opportunità da esplorare per le strutture alberghiere che vogliono interagire in modo nuovo con le persone, entrando in contatto con loro in maniera immediata e sempre nuova.

A questo proposito però è bene ricordare ciò che abbiamo detto nel precedente capitolo, cioè che gli strumenti offerti dal web marketing, e dalle piattaforme social in particolare, sono veramente tantissimi, ma questo non significa assolutamente che debbano essere usati tutti e subito perché, ripetiamo, una volta che si attiva un canale di comunicazione occorre obbligatoriamente presidiarlo. Detto ciò, è importante però che l'albergatore conosca le possibilità a sua disposizione per poter pianificare, in funzione della sua specificità, del suo target e dei suoi obiettivi, quali piattaforme gli convenga usare.

Prima di concludere questa sezione dedicata alla pubblicità su Facebook vedrò di toccare gli ultimi due punti... aspetti fondamentali da cui non è proprio possibile prescindere: i costi effettivi e la misurazione dei risultati.

I costi di Facebook ADS
Quanto ai costi, Facebook funziona con il meccanismo delle aste, tanto semplice nell'impostazione quanto complesso per quanto riguarda il funzionamento. Una volta individuati i destinatari della tua campagna, ti basterà stabilire un budget, cioè l'importo massimo giornaliero che vuoi investire. Dovrai poi impostare la durata dell'annuncio e il criterio in base al quale vuoi pagare, che può essere, per esempio, il click sull'annuncio, un "Mi piace" sulla pagina o altro ancora.

A fronte dei dati impostati dagli inserzionisti, Facebook lancia ogni giorno migliaia di aste che, a differenza delle aste tradizionali, non vengono aggiudicate all'offerta monetaria più alta, ma a quella che crea il maggiore valore complessivo – che quindi farà guadagnare più soldi a Facebook. Il succo del discorso è che l'asta se la aggiudica l'inserzione che risponde meglio al mix dei parametri dell'offerta massima e della qualità dell'annuncio.

L'offerta massima è una variabile che puoi gestire manualmente impostando il limite massimo della cifra che sei disposto a spendere per la singola attività (come il click sull'annuncio del nostro esempio). In alternativa puoi lasciare a Facebook la possibilità di gestire in automatico l'offerta, in modo da ottimizzare il risultato.

Per quanto riguarda la qualità dell'annuncio, Facebook la giudica in base ai feedback che riceve: positivi (like, commenti e condivisioni) oppure negativi (rimozione dell'annuncio). Più il tuo annuncio è gradito, più verrà visualizzato. Un altro importante elemento che nei fatti determina la qualità dell'annuncio è il CTR

(*Click Through Rate*) cioè il numero di volte che un annuncio viene cliccato rispetto al numero di volte in cui viene visualizzato. Più alto è il CTR dell'annuncio, più Facebook guadagnerà... e maggiori saranno, di conseguenza, le probabilità che avrai di aggiudicarti l'asta.

Per questa ragione, è di fondamentale importanza che il tuo annuncio abbia appeal e che il tuo pubblico lo ritenga interessante. Anche se hai impostato un costo per click più basso di quello di un tuo concorrente, può capitare infatti che sia tu ad aggiudicarti l'asta. Facile che capiti, se il tuo annuncio ha ricevuto numerosi click e ha fatto guadagnare più soldi a Facebook.

Al di là di questo, incidono anche altri diversi fattori. Il periodo dell'anno, per esempio, gioca un ruolo di rilievo sul piano della determinazione dei costi. Ovviamente ci sono dei periodi (Natale, ferie estive, San Valentino ecc.) in cui le inserzioni pubblicitarie fioccano letteralmente: è chiaro che in questi casi il costo tenderà ad aumentare e che (al contrario!) i risultati saranno più ridotti, a causa dell'elevata concorrenza.

Abituandoti a misurare i risultati, magari indirizzando annunci uguali su target diversi o annunci diversi su target uguali, potrai imparare – magari con l'aiuto di un buon consulente – quali siano le forme di pubblicità migliori, quelle per esempio che ti portano più click sulla pagina desiderata e più prenotazioni dal tuo sito, migliorando costantemente il ROI (*Return On Investment*) delle tue campagne.

Va detto infine che, allo stato attuale, Facebook ha il vantaggio, rispetto a Google, di avere dei costi più contenuti, anche se va tenuto conto di quanto già detto e cioè che Facebook intercetta con più facilità una domanda latente, mentre Google, una piattaforma utilizzata per effettuare specifiche ricerche, intercetta maggiormente la domanda consapevole, cioè di fatto già matura per convertirsi in acquisto vero e proprio.

SEGRETO n. 3: Facebook offre diverse tipologie di campagne pubblicitarie da usare in funzione dell'obiettivo e del target. I costi, attraverso il meccanismo delle aste, premiano il mix dato dal valore dell'offerta e dalla qualità del contenuto.

Google AdWords

La forma principale di pubblicità su Google è quella delle AdWords, cioè le inserzioni pubblicitarie che appaiono al navigatore in cima alla pagina quando effettua una ricerca per parole chiave. Il costo delle inserzioni su Google non è legato al numero di visualizzazioni di un determinato annuncio, ma funziona con la logica del PPC (*Pay Per Click*: paghi solo se cliccano sull'annuncio).

A causa della grande richiesta, però, su Google alcune parole chiave hanno raggiunto dei costi non indifferenti per cui, ancora una volta, ciò che conta è puntare sulla specializzazione e sulla differenziazione, individuando parole chiave di nicchia, legate alla tua specificità e al tuo elemento differenziante: parole meno richieste – che quindi costano meno – ma che sono affini alle potenziali ricerche del tuo specifico target.

Anche in questo caso il supporto di un buon consulente può aiutarti a investire bene il tuo denaro, perché nella scelta delle parole chiave va trovato il giusto equilibrio fra il costo per click e il numero di ricerche che vengono fatte per quella parola.

Campagne di protezione del brand

Nei capitoli precedenti abbiamo visto che spesso i viaggiatori usano le OTA come motore di ricerca e poi vanno su Google a cercare il nome del tuo hotel per ottenere maggiori informazioni, e soprattutto condizioni più vantaggiose. Questa tendenza è ormai ben nota alle OTA, che per questa ragione acquistano come parole chiave per le loro campagne AdWords anche i nomi degli hotel presenti sui loro portali.

Il fenomeno (chiamato *Brand Jacking* o *Brand Bidding*) è ormai inflazionato. Va da sé, quindi, che sulla campagna a protezione del nome del tuo hotel dovrai puntare anche tu le tue risorse e le tue energie. Con l'aggiunta di un piccolo trucco: come parola chiave, al nome del tuo hotel prova ad associare anche il nome della località in cui si trova la struttura e/o altri caratteri distintivi che la identifichino.

Queste campagne sono di estrema importanza se non vuoi rischiare di perdere gli utenti che stanno cercando proprio te e che, a causa del brand jacking, rischiano di ritornare sulle OTA da cui sono partiti. È importante inoltre che il testo del tuo annuncio dica con chiarezza che quello è il sito ufficiale dell'hotel e che solo lì il navigatore potrà trovare sconti a lui riservati e la miglior tariffa garantita.

Il vantaggio di queste campagne che, ripeto, sono indispensabili per non perdere il contatto con chi sta cercando proprio te, è che, essendo legate a uno specifico nome, hanno dei costi decisamente meno proibitivi di quelli relativi a parole chiave più generiche, e ti permettono di convogliare i clienti proprio sul tuo sito. A questo punto, starà a te mettere a punto una tipologia di offerte abbastanza appetibile da indurre i potenziali clienti a prenotare direttamente dal tuo sito web.

Oltre alle ricerche per parole chiave, su Google puoi anche creare delle campagne da veicolare sulla rete di siti e piattaforme – YouTube in primis – collegate a Google (*Rete Display*). In quest'ambito anche Google offre la possibilità di targhettizzare i destinatari degli annunci, anche se le informazioni a disposizione di Google per la profilazione sono più scarne rispetto a quelle di Facebook e si basano prevalentemente sulla cronologia di navigazione dell'utente.

Interessante invece, anche su Google, è la creazione di campagne di remarketing, destinate, come abbiamo visto, agli utenti che hanno già visitato il tuo sito.

Fondamentale, a corredo di un'efficace campagna online, è la creazione di una *landing page* (la pagina su cui "atterri" dopo il click sull'annuncio) pertinente alla tua inserzione. Non ha senso infatti far arrivare sulla home del tuo sito chi ha cliccato sul tuo annuncio.

Infatti, dopo la fatica fatta e i soldi spesi per ottenere un click da un utente che sta effettuando una specifica ricerca, farlo arrivare sulla tua home page significherebbe costringerlo a fare il cane da tartufi per scovare l'informazione che stava cercando. Il risultato è, con tutta probabilità, che si scoraggi dopo un paio di secondi e vada a cercare altrove ciò che gli interessa, fermandosi sulle pagine che saranno state più efficaci di te nel farglielo trovare.

Per tale ragione è estremamente importante che la tua landing page offra contenuti coerenti con l'annuncio e un percorso guidato che porti l'utente a compiere l'azione da te desiderata, sia essa la lettura di un contenuto, l'iscrizione a una newsletter, una richiesta di informazioni o l'adesione a una specifica offerta e la relativa prenotazione.

Posizionamento organico e indicizzazione

Al di là delle campagne pubblicitarie, un discorso a parte andrebbe fatto per l'indicizzazione del tuo sito web (posizionamento organico) che, sebbene non porti a risultati immediati come può farlo una campagna su Google o Facebook, è comunque estremamente importante nelle strategie di lungo periodo. Anche in questo caso l'indicizzazione, più che per parole chiave generiche con cui ormai è estremamente difficile acquisire visibilità, va fatta per quelle chiavi di ricerca che caratterizzano la tua identità e che, come abbiamo visto, devono essere legate ai contenuti di valore che ogni singola pagina del tuo sito deve offrire.

A questo proposito, grande importanza assumono le *Meta Description*, cioè le poche parole a corredo del link con cui appari fra i risultati di ricerca. Lo spazio da utilizzare è limitato e hai solo un paio di righe a tua disposizione per far capire all'utente che cliccando su quel link troverà proprio le informazioni che stava cercando. Per questa ragione è opportuno che il tuo sito abbia una meta description diversa per ogni pagina, con un breve testo esplicativo che attiri l'utente e sia coerente con le parole chiave della pagina: quelle, cioè, con cui presumibilmente l'utente ha trovato il tuo link.

La qualità e l'efficacia delle meta description potrà spingere il navigatore a cliccare sul tuo link e non su quello di un tuo concorrente. Una volta atterrato sulla landing page dovrà trovare contenuti coerenti con la sua ricerca, che quindi lo interessino e lo inducano, attraverso apposite call to action, a compiere l'azione da te desiderata.

SEGRETO n. 4: con le campagne AdWords di Google crei annunci in risposta a specifiche ricerche. Estremamente importante è anche l'indicizzazione delle tue pagine per ottenere un buon posizionamento organico.

E-mail marketing
Come anticipato all'inizio del capitolo in conclusione affronteremo sinteticamente il tema dell'e-mail marketing, una

delle forme di comunicazione online più "vecchia" e inflazionata che però, se opportunamente gestita, può giocare un ruolo di primo piano nella relazione con i tuoi clienti.

Prima di iniziare occorre mettere subito in chiaro un presupposto di base: le tue e-mail devono essere obbligatoriamente responsive, cioè perfettamente fruibili anche da mobile. In caso contrario, puoi anche smettere di inviarle. La maggior parte delle e-mail infatti vengono lette dal cellulare, motivo per cui o la tua e-mail viene visualizzata subito e senza intoppi, o l'utente non si farà scrupoli a chiuderla e cestinarla. Il tempo, oggigiorno, è infatti la risorsa più preziosa: una moneta tanto invisibile quanto concreta su cui l'utente medio tenderà sempre a essere molto "manina corta"... tenderà cioè a centellinare e ridurre all'osso la sua disponibilità. D'altra parte, lo dice anche il proverbio che il tempo è denaro, e questo è vero oggi più di ieri.

Ma torniamo a bomba, cioè alle caratteristiche che possono ottimizzare i risultati della tua e-mail, rendendola realmente appetibile. Un elemento di primo piano è il cosiddetto *Oggetto*. So che suona paradossale, ma è probabile – te lo suggerisco caldamente – che ti convenga dedicare più tempo a ragionare su come costruire un oggetto efficace che non sul contenuto della mail stessa. È l'oggetto infatti che nel giro di un paio di secondi fa decidere al destinatario se aprire o no la tua mail. Se l'oggetto lo incuriosisce e gli fa intravedere la possibilità di qualcosa di utile e interessante, il gioco è fatto: l'utente aprirà la tua mail. Diversamente, passerà oltre e la cestinerà.

Funziona così, di fatto, anche per quanto riguarda la lettura degli articoli dei giornali. Facci caso: non capita anche a te, nella maggior parte dei casi, di leggere prima di tutto il titolo di un articolo e di continuare nella lettura solo se il titolo ha catturato la tua attenzione? Ecco, pensa che l'utente medio funziona esattamente alla stessa maniera e che il modo in cui viene letta una mail si scosta di poco dal modo in cui ci si pone davanti a un articolo di giornale.

Non è questa la sede per definire le regole con cui scrivere l'oggetto e il testo di una mail: sconfineremmo nel campo del copywriting, un argomento che non può certamente essere aperto e chiuso nell'ambito di un paragrafo. Esistono a questo proposito tecniche specifiche per la stesura di mail promozionali o *salesletter* nonché testi e corsi più o meno validi che servono ad apprenderne le diverse tecniche.

Come abbiamo detto prima, dovrai sicuramente creare un oggetto breve e accattivante che induca l'interlocutore a pensare che in quella comunicazione ci sia qualcosa di utile per lui. Nel corpo della mail poi devi prestare particolare attenzione alle prime righe, perché sono quelle che il lettore scorrerà molto velocemente prima di decidere se proseguire nella lettura o abbandonarla. Oltre a fornire contenuti accattivanti e coerenti con l'oggetto, il paragrafo di apertura dell'e-mail deve spingere l'utente a leggere il testo fino in fondo. L'obiettivo finale, ovviamente, è che l'interlocutore compia l'azione da te desiderata, indicata dalla call to action.

Un altro aspetto della gestione delle tue campagne di e-mail su cui devi assolutamente riflettere è la qualità e la profilazione del tuo database. Vedremo nel prossimo capitolo che le informazioni che puoi raccogliere con il tuo software di gestione alberghiera (PMS – *Property Management System*) ed elaborare poi attraverso uno strumento di CRM (*Customer Relationship Management*) possono darti man forte per ottenere validi risultati dalle tue campagne di e-mail marketing.

Infine dovrai valutare lo strumento più adatto per gli invii delle tue e-mail. Sul mercato esistono diverse soluzioni per l'e-mail marketing: alcune più basilari, altre con funzionalità più avanzate. Qualunque scelta tu faccia in funzione dei tuoi obiettivi e del tuo budget, è importante che tu sfrutti le capacità di analisi di questi strumenti per migliorare le performance dei tuoi mailing.

Il primo valore da analizzare è il tasso di apertura delle e-mail. Rispetto a questo, come abbiamo visto, il ruolo fondamentale lo gioca l'oggetto della mail. A questo proposito, prima di partire con l'invio completo, puoi effettuare dei test inviando, per esempio, al 20% del tuo database la mail con un oggetto, e a un altro 20% la stessa e-mail con un oggetto differente. Una volta verificato quale oggetto ha ricevuto più aperture, procedi con l'invio al restante elenco di destinatari.

Oltre al tasso di apertura delle e-mail puoi verificare inoltre quanti e quali utenti hanno cliccato sul link inserito nella tua mail. In questo modo, ti si profilerà automaticamente un potenziale serbatoio di utenti a cui indirizzerai attività specifiche in funzione delle azioni effettuate. Alcuni dei sistemi di e-mail marketing più completi gestiscono in automatico queste attività attraverso un sistema di risposte automatiche (*autoresponder*), che puoi impostare a priori definendo quali e-mail inviare come step successivi in funzione dell'azione (aperta/non aperta, click al sito, risposta alla call to action) effettuata dal destinatario.

SEGRETO n. 5: un'e-mail marketing efficace si basa sulla profilazione dei destinatari, l'appeal dell'oggetto e il monitoraggio dei risultati per migliorarne le performance.

RIEPILOGO DEL CAPITOLO 4:

- SEGRETO n. 1: Google esprime la domanda consapevole degli utenti che cercano soluzioni a specifiche esigenze. Facebook, invece, esprime una domanda latente che può essere intercettata attraverso un'accurata profilazione dei destinatari degli annunci.

- SEGRETO n. 2: Facebook offre ottime possibilità di profilare il tuo pubblico (chiave – personalizzato – simile) dandoti la possibilità di creare annunci mirati per ogni specifico target.

- SEGRETO n. 3: Facebook offre diverse tipologie di campagne pubblicitarie da usare in funzione dell'obiettivo e del target. I costi, attraverso il meccanismo delle aste, premiano il mix dato dal valore dell'offerta e dalla qualità del contenuto.

- SEGRETO n. 4: con le campagne AdWords di Google crei annunci in risposta a specifiche ricerche. Estremamente importante è anche l'indicizzazione delle tue pagine per ottenere un buon posizionamento organico.

- SEGRETO n. 5: un'e-mail marketing efficace si basa sulla profilazione dei destinatari, l'appeal dell'oggetto e il monitoraggio dei risultati per migliorarne le performance.

Capitolo 5:
I ferri (e i trucchi) del mestiere

Nel capitolo precedente abbiamo visto come gli strumenti di promozione online (principalmente Facebook, Google ed e-mail) possono aiutarti a migliorare la tua visibilità e le relazioni con il tuo target di riferimento, preparando il terreno per il passo successivo: la vendita. In questo capitolo ci soffermeremo invece sugli strumenti da usare per ricevere prenotazioni a pieno ritmo. In particolare analizzeremo le caratteristiche che deve avere il tuo sito web e i software che possono aiutarti a far crescere prenotazioni, fatturato e margini.

Per incrementare le prenotazioni dirette la prima domanda che devi farti è: quanto converte il mio sito?
È vero, infatti, che il numero di visite che arrivano al sito è sicuramente importante e abbiamo visto che in questo processo le OTA possono essere un valido alleato, ma dobbiamo essere pienamente consapevoli di una cosa: il sito non deve essere solo

una vetrina, ma un vero e proprio strumento di vendita.

Questo significa che non è tanto (o non è solo) importante il numero di visitatori che raggiunge il tuo sito, quanto quelli che "convertono", effettuando cioè l'azione che ti interessa ottenere: prenotazioni, richiesta di informazioni, iscrizioni alla newsletter ecc.

Un valore molto importante da tenere sotto controllo se vuoi migliorare il tuo tasso di conversione è il *Bounce Rate* (frequenza di rimbalzo), cioè la percentuale di persone che lascia il tuo sito dopo aver visitato una sola pagina e senza aver interagito. Questa analisi insieme al monitoraggio delle pagine di uscita, quelle cioè da cui i clienti fuggono via a gambe levate, puoi farla (più o meno facilmente) con Google Analytics. Con questo strumento gratuito di Google avrai sotto costante controllo le aree del tuo sito che non funzionano come vorresti, e potrai quindi pensare a come migliorarle.

I motivi che spingono spesso un utente ad abbandonare la pagina su cui è atterrato possono essere tanti. Primo fra tutti, se l'accesso è effettuato da dispositivo mobile, il fatto che la pagina non si visualizzi correttamente (cioè che non sia responsive), o che ci metta troppo tempo a caricarsi.

Il contenuto della pagina, poi, deve essere in linea con le aspettative di chi ci approda: se hai indicizzato la pagina per la chiave di ricerca "Hotel Milano centro" ma il tuo hotel è in periferia, non c'è da stupirsi se uno esce dalla pagina tanto velocemente quanto ci è arrivato. Così come c'è da aspettarsi che molli l'osso se le camere sono presentate con foto di bassa qualità (che scoraggerebbero anche il più accomodante dei clienti!) o se le politiche di cancellazione sono confuse o troppo rigide... nel qual caso, non puoi certo lamentarti se il potenziale cliente esce dal tuo sito per cercare un hotel che mostri maggiore chiarezza o flessibilità.

La ragione dell'abbandono delle tue pagine web potrebbe essere ancora più banale. Forse sei stato un po' vago e non hai inserito nessuna *Call to Action* (invito all'azione). In questo caso c'è poco da dire: il visitatore che atterra sulla pagina dà una rapida occhiata e, non trovando spunti che lo spingano a fare qualcosa di concreto, semplicemente prende e se ne va.

Per spingere un utente a interagire con il tuo sito può essere utile prevedere una chat con operatore oppure una chatbot, cioè un interlocutore virtuale in grado di colloquiare con i visitatori. Puoi sollecitare il tuo potenziale cliente con un invito che lo stimoli a interagire con te. Se hai la capacità di rispondere in maniera adeguata, soprattutto nel caso di chat gestite da un operatore, riuscirai a creare una relazione che, opportunamente seguita, potrà automaticamente trasformarsi in prenotazione.

Anche se le tue pagine sono coerenti con le aspettative e hai inserito le tue brave call to action, però, può sempre succedere che il tuo potenziale cliente decida comunque di non rimanere sul tuo sito. Questo può accadere, per esempio, se l'utente è ancora in fase esplorativa e non è pronto a comprare.

In questi casi può essere molto utile prevedere un *exit intent pop-up*, cioè una finestra che si apre quando ci si posiziona sul margine della pagina per chiuderla. A quel punto il pop-up ti propone di fare un'altra azione, per esempio lasciare la mail per scaricare un contenuto di interesse, che può essere una guida segreta alla scoperta della città, il calendario dei prossimi eventi da non perdere, i cibi assolutamente da provare e così via. Tutte proposte che possono indurre il tuo potenziale cliente a lasciare i suoi dati e che possono funzionare meglio di un semplice invito a iscriversi alla newsletter.

Ma vediamo ora i requisiti fondamentali senza i quali nessun sito web potrà mai portare validi risultati.

La domanda è: quali caratteristiche deve avere un sito che converte?

Mobile, mobile e ancora mobile!

Questa è una prerogativa irrinunciabile. Il tuo sito deve categoricamente essere responsive: in grado, cioè, di adattarsi ai diversi dispositivi (PC, tablet e smartphone) mantenendo inalterate le sue caratteristiche di usabilità. Se il tuo sito non è facilmente navigabile dal cellulare, questo significa che stai volontariamente escludendo una fetta importantissima di potenziali clienti. Un recente studio di Phocuswright afferma infatti che gli hotel sono il secondo prodotto più ricercato (50%) e più acquistato (40%) da mobile. E il trend è in continua crescita.

Velocità

Può sembrare banale ricordarlo, ma spesso purtroppo non lo è: il tuo sito deve caricarsi velocemente. Non c'è nessun buon motivo che giustifichi un'attesa anche minima, per esempio di tre secondi: se l'utente deve aspettare che la tua pagina si carichi, allora vuol dire che il sito non è stato costruito in modo da rispondere alle sue esigenze. A meno di legarlo alla sedia ad ammirare il monitor o di tenerlo incollato in paziente attesa a osservare il display del suo smartphone, se le tue pagine non si sono ancora caricate dopo un paio di secondi hai ottime probabilità che il tuo potenziale cliente stia già navigando verso il sito di un tuo concorrente o di una OTA.

Oltre a far fuggire i tuoi potenziali clienti, un sito che si carica lentamente viene anche penalizzato da Google a livello di indicizzazione. Per verificare la velocità di caricamento del tuo sito, Google mette a disposizione uno strumento gratuito: Google PageSpeed. Con questa piattaforma puoi valutare la velocità di caricamento del tuo sito in versione desktop e mobile, e ottenere una serie di semplici suggerimenti su come migliorarne le prestazioni. Ricorda: immagini pesanti ed effetti speciali ricercati sono nemici giurati della velocità.

In ogni caso, piuttosto che non vedere mai arrivare i tuoi clienti, o vederli fuggire perché stanchi di aspettare che le pagine del tuo sito si materializzino, ti conviene scegliere un fornitore che magari ti farà pagare qualche euro in più, ma che ospiterà il tuo sito su un server adeguato. Un provider che fa pagare poco il servizio di hosting, perché poco è quello che ti offre, non è certo un terno al lotto. In questi casi spendere qualcosina in più è un buon investimento, che finirà per tornarti in tasca con gli interessi.

Emozioni

Gli hotel, rispetto ad altre categorie di prodotti e servizi, hanno per loro stessa natura l'enorme vantaggio di poter offrire emozioni legate all'esperienza di viaggio dell'ospite – sia esso un turista in cerca di relax o di avventura, oppure un uomo d'affari che nella qualità dell'accoglienza percepisce la conferma e la valorizzazione del suo status.

Nelle pagine precedenti abbiamo detto che non esiste una qualità assoluta. Esiste invece una qualità "percepita" della tua offerta, costruita sulla tua unicità, sui tuoi elementi distintivi, sul tuo "carattere". Il tuo sito dovrà rafforzare proprio questa percezione: la grafica dovrà quindi essere coordinata con lo stile del tuo hotel e contribuire a rafforzare il tuo elemento differenziante. Il tutto deve essere poi costruito all'insegna della massima usabilità, perché nulla ostacoli il flusso delle emozioni che devono raggiungere il tuo potenziale cliente.

Per valutare e migliorare questo aspetto, oltre a numerosi studi sulle modalità di navigazione di un sito, puoi rivolgerti a un'azienda esperta di web marketing per fare un test di usabilità del tuo sito, individuando eventuali punti deboli, e così intervenire per migliorarne la navigazione e quindi i risultati.

L'obiettivo del tuo sito dovrà essere quindi quello di condurre l'utente alla prenotazione attraverso un percorso scandito dalle emozioni. Il più delle volte infatti non si compra con la testa. I nostri acquisti vengono quasi sempre fatti in modo istintivo, seguendo un percorso prettamente emozionale, che cerca poi nel ragionamento e nella riflessione la conferma di quello che l'istinto ha già deciso.

Per offrire al tuo potenziale cliente un'esperienza in grado di toccare profondamente le sue corde emotive, devi operare su due piani: quello delle immagini e quello dei contenuti.

Le immagini, più ancora delle parole, hanno la facoltà di rimanere impresse in modo incisivo nella mente del tuo potenziale cliente: il panorama che potrà apprezzare dalla sua camera, le stanze luminose e accoglienti, l'atmosfera calda e intima del ristorante, gli aromi intensi e avvolgenti della SPA: sono tutte emozioni che il tuo ospite potrà pregustare se saprai trasmettergli le giuste sensazioni attraverso foto di qualità professionale, ben distribuite nelle diverse pagine del sito e raccolte poi in un'apposita galleria. Ma le immagini da sole non bastano.

Grande rilevanza hanno anche i testi, che non devono semplicemente descrivere un servizio, ma raccontare una storia. Alle parole, quindi, sarà affidato il potere evocativo di raccontare le atmosfere del tuo hotel, ma non solo: anche quelle del territorio e di ciò che può offrire. Le parole dovranno cioè far pregustare ai tuoi ospiti le esperienze che potranno vivere, conquistarli a partire dalla sfera emotiva. Ma attenzione: non dovranno conquistare solo loro! I contenuti che andrai a scrivere dovranno accattivarsi anche le simpatie degli algoritmi di Google. Per ottenere questo risultato dovrai scegliere le giuste parole chiave (preferibilmente una sola per ogni pagina) e prestare particolare attenzione ai riferimenti al territorio: elementi che saranno di grande aiuto nelle ricerche geolocalizzate.

A proposito dell'importanza di comunicare a livello emozionale per concludere con successo il processo di vendita, è utile sapere che sul mercato si stanno affacciando nuovi software incentrati sulla capacità di comunicare con il potenziale cliente andando ad agire proprio sulla sfera delle emozioni.

Attraverso queste nuove soluzioni è possibile creare delle offerte dedicate a ogni singolo cliente in maniera estremamente mirata e personalizzata. Il risultato va ben oltre l'invio di semplici e-mail, per quanto ben fatte possano essere. Questi software infatti permettono di realizzare, in maniera tanto semplice quanto efficace, una sorta di mini sito web dedicato a ogni singolo cliente, in cui l'utente troverà l'offerta economica, le informazioni richieste, i servizi a lui dedicati e potrà interagire con estrema semplicità con l'hotel per chiedere ulteriori chiarimenti o confermare la prenotazione.

Il tutto viene presentato in maniera estremamente fruibile e accattivante e corredato da immagini, filmati e ogni altro contenuto multimediale (selezionato da format preimpostati) che l'albergatore riterrà utile inserire per indurre quello specifico cliente a prenotare.

Attraverso questa piattaforma si creerà così un canale di comunicazione con ogni singolo cliente estremamente personale e mirato, grazie anche alla possibilità di interagire attraverso una chat dedicata. Il tutto supportato da follow-up automatici, così da non farti perdere di vista nessuna delle richieste ricevute. Il risultato? Un netto incremento del tasso di conversione delle offerte in nuove prenotazioni!

SEGRETO n. 1: se vuoi vendere, devi emozionare. Immagini accurate e pertinenti e "storie" coinvolgenti sono gli strumenti a tua disposizione per far percepire al cliente la tua unicità e la rispondenza alle sue aspettative, e per fargli scegliere te fra mille altri.

Menu, titoli e *Call to Action*

Ma come fare a raggiungere l'obiettivo di aumentare le conversioni? Per riuscirci devi quasi "guidare con mano" il navigatore nell'esplorazione del tuo sito. Ogni potenziale elemento di distrazione e di confusione va messo assolutamente al bando. Il cliente in target che atterra sul tuo sito dovrà essere guidato verso la prenotazione: è questo, di fatto, l'unico punto di arrivo che devi fargli raggiungere. Anche il menu e i titoli delle pagine giocano un ruolo importante in questo percorso.

Ciò che serve sono poche, pochissime voci di menu: giusto quelle in grado di guidare il visitatore a compiere l'azione che ti interessa. Camere, servizi, destinazione, testimonianze, prenota, chiedi informazioni, contatti. Questo è tutto ciò che serve al tuo potenziale cliente per decidere se prenotare da te.

Anche i titoli delle pagine hanno grande importanza: devono essere accattivanti, e invogliare a leggere per scoprire quello che il titolo promette. E una volta dentro la pagina, i testi devono accompagnare l'utente a compiere l'azione che vuoi tu.

A questo scopo alla fine di OGNI pagina deve sempre esserci una *Call to Action*, una "chiamata all'azione" che tu vuoi che venga compiuta. Call to action ad hoc inserite in ogni pagina attireranno il tuo potenziale cliente verso l'ineluttabile conclusione della prenotazione!

E non dimenticare mai che la possibilità di prenotare, chiedere informazioni e contattarti deve essere sempre ben evidente in ogni pagina. Devi permettere sempre al tuo visitatore, in qualunque fase del processo di navigazione, di raggiungerti nel modo più rapido ed efficace.

Le testimonianze

Le testimonianze rivestono un ruolo fondamentale. Abbiamo già visto che, nella maggior parte dei casi, il percorso di ricerca di un hotel passa da portali come TripAdvisor, che danno la possibilità di conoscere il giudizio di chi ha già vissuto un'esperienza in una determinata struttura.

Raccogliere le migliori testimonianze provenienti da OTA, metamotori e social in un'apposita sezione del tuo sito, e inserirle anche nelle singole pagine in funzione degli argomenti trattati è senz'altro un servizio utile e importante che puoi offrire ai tuoi visitatori. Se lo fai tu, inoltre, hai il vantaggio di poter filtrare le recensioni più in linea col contenuto e l'obiettivo della singola pagina e, più in generale, della prenotazione.

SEGRETO n. 2: fai parlare i tuoi clienti. Usa le testimonianze per far sapere a chi sta decidendo se sceglierti quali (e quante!) esperienze piacevoli e entusiasmanti ha vissuto chi ha visitato il tuo hotel.

Chiarezza

Lo abbiamo detto anche prima. La chiarezza e la linearità sono requisiti fondamentali per costruire un sito efficace e in grado di convertire. Proprio per questa ragione, come chiaro e lineare deve essere il processo di navigazione scandito da menu, titoli, testi e call to action, altrettanto chiari e lineari devono essere i contenuti. Fondamentale è la chiarezza nell'indicazione degli aspetti economici, dei servizi inclusi ed esclusi, delle politiche di cancellazione, delle tariffe rimborsabili o meno.

I costi occulti, quelli che appaiono solo alla fine nel totale, sono il peggior insulto all'intelligenza dei tuoi ospiti, e come tali saranno percepiti. Un'irritante mancanza di chiarezza e professionalità che indurrà il tuo visitatore a un'irrimediabile e precipitosa fuga verso i tuoi concorrenti, pronti ad accoglierlo a braccia aperte!

Il *Booking Engine*

Ora che abbiamo messo in chiaro le caratteristiche che deve avere il tuo sito web, andiamo ad analizzare uno strumento altrettanto importante: quello che deve rappresentare la conclusione naturale della navigazione online del tuo potenziale cliente ovvero il *Booking Engine*, o motore di prenotazioni, cioè quel software integrato nel tuo sito attraverso il quale i tuoi ospiti potranno prenotare una camera nel tuo hotel.

Prima ancora di andare a esaminare le caratteristiche che deve avere un booking engine che converte, mettiamo bene in chiaro un prerequisito fondamentale: deve essere facilmente accessibile!

Non pensare che sia così scontato, fai un giretto online sui siti di qualche albergo e vedrai che non sempre il "Prenota ora" è bene in vista in tutte le pagine.

Qualunque momento è quello buono per prenotare: non è detto che la pagina in cui può scattare la molla che spinge il tuo visitatore a scegliere il tuo hotel sia la homepage o quella con la foto delle camere. L'importante è che tu sia sempre pronto a offrire la possibilità di prenotare immediatamente e con semplicità, anche perché non sai da quale pagina potrebbe arrivare il tuo cliente a seguito di una ricerca su Google.

Un buon booking engine, oltre a permettere di prenotare una camera con semplicità, deve consentirti di gestire al meglio pacchetti e offerte. Dovrebbe quindi essere anche in grado di presentare i costi nella valuta del visitatore – la geolocalizzazione serve anche a questo – e offrire la possibilità di scegliere facilmente date alternative o modalità di pagamento differenti. Dovrà inoltre permetterti di verificare quali sono le pagine e i prezzi che hanno fatto allontanare i tuoi clienti, così da poter agire in modo mirato per migliorare i tuoi risultati.

In commercio si trovano diverse soluzioni più o meno complete e sta a te valutare, in funzione delle tue aspettative e del tuo budget, qual è quella più adatta alle tue esigenze. Ci sono però dei prerequisiti dai quali non puoi assolutamente prescindere nel momento in cui acquisti il booking engine per il tuo sito, che deve essere:

1) Facile da usare: non usiamo l'espressione "a prova di idiota", diciamo pure "a prova di bambino", ma il succo è lo stesso. Il tuo cliente deve poter prenotare in tre click:

- Seleziona le date, click...
- Sceglie la camera, click...
- Paga. Stop.

2) Accessibile in mobilità: vale la stessa regola del sito, lo abbiamo visto prima. Un numero sempre crescente di persone prenota l'hotel dal cellulare e deve poterlo fare con la stessa velocità e chiarezza che offri dal PC: data, click. camera, click, paga, stop!

3) Flessibile: se non hai disponibilità per le date richieste, che succede? Un buon booking engine deve poter offrire delle date alternative. Se non lo fa, sarà il tuo cliente a cercare un hotel alternativo!

4) Persuasivo: deve supportare il processo di prenotazione con messaggi che stimolano il cliente a prenotare subito, per

esempio "ultime 2 camere disponibili", oppure "ultima prenotazione 30 minuti fa", o ancora "stai scegliendo la sistemazione più vantaggiosa" ecc. Anche un box con il confronto fra il prezzo della camera sul tuo sito e sugli altri portali può essere utile: un buon modo per mostrare al tuo visitatore, senza farlo uscire dal tuo sito, che la soluzione più vantaggiosa è quella che gli stai offrendo tu.

5) In grado di gestire offerte e upselling attraverso le offerte speciali: sia che si tratti di sconti, servizi aggiuntivi o pacchetti completi, in questo modo dai al cliente la prova concreta che sul tuo sito può ottenere di più di quello che troverà su un portale. Le OTA inoltre si caratterizzano per la vendita di soggiorni brevi. Sul sito invece puoi proporre pacchetti di soggiorno più lunghi, stimolando una domanda che altrimenti rischia di rimanere disattesa. In questo modo, inoltre, tu guadagni di più grazie a un aumento della durata del soggiorno. Puoi inoltre offrire upgrade di camera o sconti su servizi aggiuntivi. Sta a te decidere cosa, il tuo booking engine deve essere in grado di renderlo acquistabile!

6) Sicuro: un acquisto online è sempre un momento delicato. Quando il cliente inserisce i dati della sua carta di credito, deve sentirsi in una botte di ferro. Deve apparire bene in evidenza che il pagamento è sicuro e che il booking engine è dotato di tecnologia certificata SSL (*Secure Sockets Layer*: il protocollo crittografato che garantisce la sicurezza delle transazioni online). Basta un minimo dubbio al momento dell'ultimo click e il cliente farà marcia indietro verso il porto sicuro di una OTA dove troverà nuovamente tutti i tuoi concorrenti a far bella mostra di sé. A quel punto, se ti va bene, sceglierà comunque di prenotare il tuo hotel, ma dovrai riconoscere al portale la commissione che la prenotazione dal booking engine ti avrebbe fatto risparmiare. Se ti va male, invece, si farà convincere da un tuo concorrente e i soldi che ti sentivi già in tasca voleranno via, ad arricchire le casse di un altro hotel.

Ecco, diciamolo pure: l'acquisto di un software di booking engine non è proprio uno dei momenti in cui conviene puntare al risparmio.

È ovvio che a parità di prestazioni tu voglia scegliere la soluzione più economica... ma se, per risparmiare qualche spicciolo al momento dell'acquisto poi ti ritrovi a dover reintrodurre il balzello delle commissioni previsto in alcuni programmi, o se ti tocca rinunciare anche a una sola delle caratteristiche che ti ho appena illustrato, lascia perdere! Finiresti col pentirtene amaramente, e i soldi che hai l'impressione di aver risparmiato li pagheresti poi con gli interessi in termini di mancate prenotazioni!

Quando fai la tua scelta devi stare molto attento e evitare di acquistare lo strumento che non risponde alle caratteristiche che ti servono per raggiungere il tuo scopo. Cadendo nella trappola del risparmio apparente ti ritroverai, come ho visto fare a tantissimi miei clienti, a dover buttare quello che avevi comprato "perché costava poco"... accorgendoti quindi, troppo tardi, che l'acquisto valeva addirittura meno del suo costo.

SEGRETO n. 3: il booking engine è un software che ha il doppio del suo valore apparente: ti fa vendere le tue camere e al tempo stesso ti fa risparmiare le onerose commissioni alle OTA. L'importante, però, è che sia davvero semplice e

affidabile: in caso contrario, farà scappare a gambe levate i tuoi potenziali clienti e tu perderai i tuoi soldi.

Ottieni il massimo dalle OTA

Inizio col mettere le mani avanti. Questo è un argomento estremamente delicato. È inutile stare a calcolare al centesimo quanti soldi ti sottraggono le commissioni delle OTA.

Prima ti conviene ribaltare la frittata e riflettere su... quanti soldi ti portano le prenotazioni dalle OTA.

È indubbio infatti che Booking, Expedia e le altre piattaforme online abbiano avuto un impatto positivo sul turismo e l'economia dei paesi in cui operano. In Italia, secondo una ricerca effettuata da Booking in collaborazione con Oxford Economics, nel 2015 si sono registrati 13 milioni di pernottamenti in più rispetto a quelli che ci sarebbero stati con i canali tradizionali, con un giro d'affari aggiuntivo stimato intorno ai 2,3 miliardi.

Si tratta di numeri decisamente importanti e ogni albergatore sa bene quanto le OTA contribuiscano all'incremento della sua visibilità e del suo giro d'affari. È vero che le commissioni in alcuni casi sono effettivamente "salate", ma non bisogna dimenticare che prima delle OTA c'erano i tour operator... a cui comunque pagavi le tue brave commissioni!

È vero che le percentuali che riconosci alle OTA non sono proprio basse, soprattutto se punti a stare nelle prime posizioni, e che l'incidenza delle cancellazioni a volte ti fa sudare freddo, ma la presenza su Booking ed Expedia non è comunque qualcosa a cui puoi pensare di rinunciare a cuor leggero. L'enorme potenza di fuoco di questi colossi della distribuzione, supportata dalla spaventosa mole di investimenti in marketing che possono permettersi di fare, li rende di fatto indispensabili al benessere della tua attività.

Detto questo, c'è però qualcosa che puoi fare. Oltre che cercare di sfruttarli come motori di ricerca che portano traffico e prenotazioni al tuo sito web, puoi infatti cercare di massimizzare la redditività delle tue vendite attraverso le OTA.

Per farlo devi stare sempre sul pezzo, adottando politiche tariffarie dinamiche con l'obiettivo di vendere sempre il maggior numero di camere al miglior prezzo possibile.

È la semplicissima legge della domanda e dell'offerta: più richieste hai, più alzi i prezzi; al contrario, meno prenotazioni – e quindi più camere invendute – hai, più i prezzi si abbassano. Semplice.

Peccato che questo lavoro tu debba farlo per ogni tipologia di camera disponibile su ogni portale e sul tuo sito web. Non solo: anche se decidi di offrire sul tuo sito una tariffa più bassa, potrai comunque scegliere di gestire la parity rate su tutte le OTA. Questo significa che la tariffa che inserisci deve essere la stessa su tutti i portali, e che devi stare attento a non dimenticare di aggiornarne nessuno e a non commettere errori nell'inserimento della tariffa.

Anche in questo caso però la tecnologia ci viene in aiuto, attraverso una tipologia di software chiamato *Channel Manager* che ti permette di gestire in maniera semplice tutti i canali di vendita online.

Come per il booking engine, anche la scelta del channel manager deve passare al vaglio di un'attenta valutazione, per capire qual è la soluzione più indicata rispetto ai tuoi obiettivi.

Se gestisci una struttura piccola che può andare facilmente in overbooking, avrai necessità di un software che aggiorni le disponibilità in tempo reale. Se invece il tuo hotel lavora con molti portali, farai bene a non orientarti su una soluzione che ti fa pagare qualcosa (spesso non poco!) per ogni portale in più. Se invece operi in un contesto in cui è essenziale applicare politiche tariffarie estremamente dinamiche, un software in grado di variare rapidamente e automaticamente i prezzi in funzione dei parametri definiti dal revenue manager è quello che fa per te.

Anche in questo caso, come abbiamo visto per il booking engine, i criteri in base a cui regolarsi sono gli stessi: quanto mi fa vendere, quanto mi fa risparmiare, quanto migliora il mio modo di lavorare.

Vediamo allora quali sono i parametri che devi valutare prima di acquistare un channel manager. Ricorda che, come abbiamo visto prima, alcune caratteristiche possono essere per te più importanti di altre, a seconda della specificità della tua struttura e quindi delle tue esigenze. In linea di massima, le caratteristiche principali sono queste:

1) Dovrà essere semplice e veloce per permetterti di impostare tariffe, disponibilità e minimum stay su tutti i portali e sul tuo sito web in pochi click.

2) Dovrà permetterti di impostare delle regole per modificare i prezzi senza che tu sia costretto ad aggiornare le tariffe manualmente. In pratica devi impostare il software in modo che fino a un certo numero di camere disponibili pubblichi un determinato prezzo, ma appena scesi al di sotto di quella soglia, in automatico applichi un prezzo più alto. E via di seguito.

3) Al di là di tutti gli automatismi dovrai assicurarti di essere sempre informato sulle variazioni automatiche di prezzi, prenotazioni, cancellazioni, disponibilità attraverso un sistema di notifiche.

4) Dovrà scaricare le prenotazioni in tempo reale per evitare i rischi di overbooking, e dovrà poterle inserire direttamente sul tuo software gestionale PMS.

5) È importante che ti offra la possibilità di controllare i prezzi online dei tuoi concorrenti.

6) Dovrà disporre di un'interfaccia responsive, che ti premetta di gestire e controllare le tue prenotazioni ovunque ti trovi, da qualsiasi dispositivo.

7) Le condizioni contrattuali devono essere chiare per evitare di trovarti a pagare costi non previsti come commissioni sulle prenotazioni, aggiornamenti del software o inserimento di nuovi portali.

SEGRETO n. 4: per la maggior parte degli alberghi le OTA rappresentano un'immancabile opportunità di business che non può essere lasciata al caso, ma va seguita con strumenti informatici adeguati (*Channel Manager*) che ti permettano di massimizzare i ricavi.

Finalmente cliente!
Fin qui ci siamo soffermati su tutto quello che devi fare per arrivare alla tanto agognata prenotazione.

E ora?

Possiamo sorridere soddisfatti per il risultato raggiunto?

Certo che sì!

E possiamo anche pensare che il nostro lavoro sia finalmente finito?

Certo che no!

Premetto che parlare di tutto quello che succede da questo punto in poi e di come gli strumenti a tua disposizione ti possano aiutare a farlo al meglio richiederebbe come minimo un altro libro (forse anche due...).

Detto questo, non sono così sadico da lasciarti sul più bello. Nelle pagine che seguono, quindi, ti darò alcuni spunti che, sia ben chiaro, rappresentano solo la punta dell'iceberg rispetto a quello che puoi mettere in campo a partire dal momento in cui ricevi la tua prenotazione.

Lo faccio, ovviamente, tutto a tuo vantaggio: per mettere al tuo servizio le mie competenze di imprenditore che ogni giorno si confronta con le innovazioni tecnologiche dedicate al settore alberghiero.

La mia esperienza diretta nell'esaminare per anni il modo in cui gli albergatori utilizzano i software mi ha portato a constatare che, a volte, in fase di acquisto gli albergatori ricercano funzionalità avanzate nel programma. Anche se poi sono gli stessi albergatori che, dopo averlo acquistato, utilizzano solo una piccolissima parte di quelle funzionalità.

Il risultato è fallimentare: da un lato l'albergatore ha sprecato il proprio denaro perché ha comprato (e quindi pagato) più di quello che effettivamente usa, dall'altro si costruisce il falso mito secondo cui i software sono tutti uguali e quindi tanto vale pagarli poco. Atteggiamento, questo, che spesso porta l'albergatore a incappare in solenni fregature, nel momento in cui si rende conto di avere acquistato un giocattolo anziché uno strumento in grado di migliorare il suo modo di lavorare e quindi i suoi affari.

In ultima analisi, la tecnologia è in grado di offrirti un supporto davvero valido per le tue attività, ma perché il suo potenziale venga messo realmente a frutto occorre avere piena consapevolezza dei propri obiettivi e del modo in cui lo strumento informatico ti può aiutare a raggiungerli.

I suggerimenti che trovi nelle pagine che seguono sono espressamente guidati da questa logica: adoperare cioè la tecnologia per far fruttare l'enorme patrimonio di informazioni di cui potenzialmente entri in possesso ogni volta che ricevi una prenotazione.

Ma procediamo con ordine.

Una prenotazione, rispetto al momento in cui il tuo ospite varca l'ingresso del tuo hotel, ha un prima, un durante e un dopo.

Cosa puoi/devi fare prima che il tuo ospite arrivi in hotel?

All'interno di questo lasso di tempo, la cosiddetta *Booking Window*, il tuo ospite molto probabilmente avrà una serie di attività da organizzare per vivere al meglio il suo soggiorno. Sia che viaggi per lavoro che per turismo, quasi sicuramente avrà bisogno di raggiungere l'hotel dall'aeroporto o dalla stazione e di cenare. Un servizio navetta e la proposta di una cena al ristorante dell'hotel, magari preceduta da un aperitivo di benvenuto in omaggio, hanno ottime probabilità di essere accolti con favore.

Probabilmente, se opportunamente sollecitato, un pensierino sulla possibilità di godersi un momento di assoluto relax nella tua SPA lo farebbe molto volentieri. Allo stesso modo, se lo invogli con una buona offerta, potrebbe anche lasciarsi tentare dall'idea di fare un upgrade di camera.

Se gestisci un hotel in città potresti proporgli un noleggio di bici o un tour guidato, se invece hai una struttura leisure probabilmente non hai che l'imbarazzo della scelta: corsi di windsurf o vela, noleggio attrezzatura da trekking, una splendida passeggiata a cavallo, un primo approccio guidato alle immersioni subacquee, l'acquisto dello skipass o l'iscrizione a un corso di free climbing...

Tutto quello che offri può essere venduto, e se non lo fai tu è probabile che il tuo cliente andrà a cercarlo altrove e tu perderai l'opportunità di aumentare i tuoi incassi, magari proprio nel momento in cui il tuo cliente è più disponibile.
Come fare allora?

Nell'intervallo di tempo che intercorre fra la prenotazione e l'arrivo del tuo cliente, se hai già la sua mail o il suo cellulare, puoi inviargli e-mail, sms o messaggi Whatsapp per invogliarlo a provare i tuoi servizi con un allettante sconto di benvenuto che gli faccia venire voglia di mettere mano al portafoglio.

Se il tuo software gestionale lo prevede, puoi inoltre proporgli di usufruire del web check-in così da gestire online gli aspetti burocratici, e riservargli al suo arrivo in hotel un benvenuto snello e cordiale che lo farà sentire accolto al meglio. E ricorda che è proprio al momento dell'arrivo che l'ospite si creerà la sua prima impressione, che potrà condizionare l'intera esperienza di soggiorno.

Una volta arrivato in hotel, poi, hai mille opportunità di offrirgli ulteriori servizi. In passato questo ruolo era demandato esclusivamente alla bravura degli addetti alla reception, a cui spettava il compito di proporre in modo allettante i tuoi servizi, per spingere l'ospite ad acquistarli da te piuttosto che cercarli altrove.

Oggi esistono soluzioni estremamente avanzate di concierge virtuale che forniscono un grande supporto nell'offerta dei tuoi servizi aggiuntivi. Per esempio puoi dotare le camere di un tablet ad hoc. Ti sembra uno spreco di denaro? Non lo è affatto: rappresenta invece un'ottima forma di comunicazione con il tuo ospite che potrà prenotare, comodamente sdraiato a letto, la cena al tuo ristorante o l'escursione guidata nei luoghi segreti della città.

Alcuni sistemi più sofisticati sono anche in grado di tracciare i movimenti dell'ospite in hotel attraverso tecniche legate al cosiddetto *Indoor Positioning* (tracciamento all'interno). Monitorando la connessione dello smartphone del cliente al Wi-Fi si può stabilire la sua posizione con un'approssimazione di pochi metri, e anche il tempo di permanenza in un determinato luogo. In pratica se un cliente poco prima di cena staziona nella hall dell'albergo, presumibilmente in attesa di uscire per andare a cenare in qualche ristorante nelle vicinanze, puoi inviargli in automatico un sms in cui gli proponi un allettante menu per cena a un prezzo esclusivo riservato solo a lui.

L'esperienza d'acquisto, inoltre, può proseguire anche al di fuori dell'hotel. Basta invogliare il tuo ospite a scaricare l'app gratuita sul suo smartphone in modo che il filo diretto con il tuo hotel (e con la tua cassa) non si interrompa mai!

Nel caso in cui la prenotazione ti sia arrivata telefonicamente o tramite OTA e tu non abbia quindi l'e-mail del tuo ospite, puoi fare in modo che te la fornisca lui di sua spontanea volontà: basta giocare d'astuzia. Piuttosto che fargli compilare un modulo in cui hai ottime probabilità che i campi e-mail e cellulare rimangano vuoti, puoi infatti offrirgli gratuitamente un servizio a cui potrà accedere solo dopo averti fornito la sua e-mail o il suo numero di cellulare... e il gioco è fatto!

Il tuo cliente non si accorgerà quasi che la sua e-mail è merce di scambio e, anche nel caso ne sia consapevole, la fornirà comunque volentieri, perché tu gli stai dando in cambio un servizio che gli interessa. Il che non deve essere per forza qualcosa di straordinario. Può trattarsi del Wi-Fi gratuito con accesso solo tramite e-mail, o di un aperitivo offerto in terrazza, con lista di invitati a cui è possibile registrarsi esclusivamente inserendo la propria mail – magari mostrando il messaggio di conferma all'ingresso, così puoi anche essere certo che la mail sia corretta!

Insomma, gira che ti rigira i mezzi a tua disposizione ci sono... e sono tanti. Ciò che conta è che, una volta ottenuta la e-mail del cliente e/o il suo cellulare, tu abbia ben chiaro quello che, da quel momento in poi, puoi iniziare a fare.

Arrivati a questo punto dovremmo aprire un discorso infinito che si può racchiudere però in due paroline semplici semplici: PMS e CRM.

Queste due sigle identificano il tuo software gestionale (PMS – *Property Management System*) e il tuo sistema di gestione dei clienti (CRM – *Customer Relationship Management*).

Possono essere due piattaforme diverse e integrate fra di loro, o potresti adoperare un PMS che includa le funzionalità di CRM, che ti permettano comunque di profilare i tuoi clienti e di instaurare relazioni durature con loro.

Partiamo da un assunto fondamentale: il tuo cliente rappresenta un enorme patrimonio, che tu devi essere in grado di sfruttare.

Nel settore alberghiero la categoria che attualmente riesce a "spremere" meglio i propri clienti è quella delle OTA. Dal momento in cui una persona ha fatto la sua prima prenotazione attraverso un portale online, viene fatta oggetto, oltre che delle attività di remarketing di cui abbiamo parlato nei capitoli precedenti, di una serie di comunicazioni via mail con cui la si sollecita a rivivere l'esperienza del soggiorno in strutture/periodi/località affini a quelle delle prenotazioni effettuate.

Le OTA, infatti, hanno ben chiaro che ogni cliente è una potenziale miniera d'oro. Forse ne sei consapevole anche tu, ma cosa fai per sfruttare il tuo personale filone aurifero?

Magari non è il tuo caso – lo spero davvero! – ma non sono pochi gli alberghi che lasciano andare via l'ospite senza neanche avergli chiesto la mail, gettando così al vento l'opportunità di mantenere una relazione duratura nel tempo. E fidelizzare, oggigiorno, significa avere la possibilità di creare uno zoccolo duro di clienti affezionati... che non solo torneranno da te, ma che con ogni probabilità alimenteranno anche un possibile, e redditizio, passaparola.

Far tesoro e mettere a frutto le informazioni che il tuo cliente ti fornisce sembrerebbe una cosa scontata. Il tuo PMS dovrebbe diligentemente registrare tutto ciò che può essere fonte di profilazione del tuo cliente:

- Anagrafica e informazioni di contatto
- Canale d'acquisto
- Servizi adoperati
- Tipologia di camera e sistemazione
- Periodo e durata del soggiorno
- Motivazioni/circostanze del viaggio.

Tutte queste informazioni, date in pasto al tuo CRM, devono essere finalizzate al raggiungimento dell'obiettivo di Segmentare-Comunicare-Vendere.

Lo abbiamo già visto nel paragrafo dedicato all'e-mail marketing: la comunicazione mirata per ciascun target è un requisito fondamentale perché tu possa ottenere un risultato soddisfacente.

Una volta avviata una relazione con il cliente, il tuo obiettivo è fidelizzarlo. Non devi mollarlo mai, anzi, devi costantemente alimentare il rapporto con lui, per invogliarlo a tornare da te.

Durante il suo soggiorno devi essere in grado di stupirlo offrendogli servizi e piccoli gesti d'attenzione che siano in linea con i suoi desideri, e questo puoi farlo solo se sei stato in grado di profilarlo al meglio. Il tuo obiettivo è farlo innamorare del tuo hotel, della tua accoglienza, delle esperienze che sei in grado di offrigli, dentro e fuori l'hotel. È questa la strada giusta per lasciargli un ricordo memorabile e portarlo a prenotare di nuovo da te.

Appena il tuo cliente conclude il suo soggiorno, il primo passo è poi quello di inviargli una mail per ringraziarlo dei giorni trascorsi insieme e invitarlo a rilasciare una testimonianza online. Come abbiamo visto nei capitoli precedenti, le testimonianze positive giocano un ruolo chiave, e la condivisione di un'esperienza di soggiorno soddisfacente ha un potere magnetico su altri potenziali clienti. Le testimonianze online, quindi, vanno sempre stimolate.

Ma questa non è che la prima tappa di un lungo percorso che servirà a rafforzare nel tempo il tuo legame con il cliente, facendo sì che il tuo hotel si consolidi saldamente in cima alle sue preferenze.

Peraltro hai al tuo fianco dei preziosi alleati, in grado di aiutarti a consolidare e gestire il legame con il tuo cliente: parlo dei software che ti permettono di raccogliere e gestire enormi quantità di dati, così da poter calibrare e orientare ogni tua comunicazione e ogni tua offerta in maniera estremamente precisa e rispondente alle "corde" di ogni specifico cliente.

Te lo ripeto ancora una volta: non fare mai l'errore, ancora molto diffuso purtroppo, di non mettere a frutto l'enorme patrimonio di informazioni che il tuo cliente ti può offrire.

- Più conosci il tuo target,
- più comunichi con lui in maniera mirata,
- più lo stimoli a vivere esperienze gratificanti nella tua struttura...

Più continui a guadagnare nel tempo.

È questa la base del tuo successo.

SEGRETO n. 5: Il tuo software di gestione alberghiera (PMS) e un valido sistema di CRM (*Customer Relationship Management*) sono i tuoi preziosi alleati nella costruzione di

una relazione duratura con i tuoi clienti. Un vero e proprio asso nella manica, che ti consentirà di incrementare i tuoi guadagni nel tempo.

RIEPILOGO DEL CAPITOLO 5:

- SEGRETO n. 1: se vuoi vendere, devi emozionare. Immagini accurate e pertinenti e "storie" coinvolgenti sono gli strumenti a tua disposizione per far percepire al cliente la tua unicità e la rispondenza alle sue aspettative, e per fargli scegliere te fra mille altri.

- SEGRETO n. 2: fai parlare i tuoi clienti. Usa le testimonianze per far sapere a chi sta decidendo se sceglierti quali (e quante!) esperienze piacevoli e entusiasmanti ha vissuto chi ha visitato il tuo hotel.

- SEGRETO n. 3: il booking engine è un software che vale più di quanto sembri: perché ti fa vendere le tue camere e perché ti fa risparmiare le onerose commissioni alle OTA. Tutto questo a una condizione: deve essere semplice e affidabile... in caso contrario, farà scappare a gambe levate i tuoi visitatori e tu perderai i tuoi soldi.

- SEGRETO n. 4: per la maggior parte degli alberghi le OTA rappresentano un'immancabile opportunità di business che non può essere lasciata al caso, ma va seguita con strumenti informatici adeguati (*Channel Manager*) che ti permettano di massimizzare i ricavi.

- SEGRETO n. 5: il tuo software di gestione alberghiera (PMS) e un valido sistema di CRM (*Customer Relationship Management*) sono i tuoi preziosi alleati nella costruzione di una relazione duratura con i tuoi clienti, che ti permetterà di incrementare i tuoi guadagni nel tempo.

Conclusione

Abbiamo finito: traguardo raggiunto! Ora che sei arrivato fino in fondo, non ti resta altro da fare che mettere in pratica i suggerimenti che ti ho dato. I risultati arriveranno presto, lo vedrai da te.

Perché questo succeda, però, devi darci dentro con impegno e determinazione... le armi segrete per andare lontano, infatti, sono queste. Al di là di qualsiasi metodo.

Comincia dalla base: individua la tua unicità e inizia a lavorare per valorizzarla creando il tuo posizionamento di marca. Individua quindi il tuo target e definisci i canali da presidiare. Impara a sfruttare i grandi portali di prenotazione gestendo al meglio le dinamiche tariffarie su tutti i canali e aumenta così fatturato e marginalità.

Ricordati che le OTA sono diventate anche dei motori di ricerca e che puoi sfruttare questa enorme possibilità per incrementare le prenotazioni dirette dal tuo sito. Stai sempre attento a non commettere gli errori che abbiamo evidenziato e applica sempre strategie di comunicazione mirate per il tuo target.

Verifica che il tuo sito web abbia i requisiti che abbiamo descritto e che il tuo booking engine sia davvero in grado di invogliare il tuo potenziale cliente a prenotare, riducendo così l'incidenza delle commissioni da pagare alle OTA.

Investi il tuo budget nelle forme di pubblicità e comunicazione online più indicate per il tuo specifico target attraverso Google, Facebook e la comunicazione via mail.

Sfrutta al meglio tutte le possibilità che la tecnologia ti offre scegliendo lo strumento che meglio risponde alle tue caratteristiche e agli obiettivi che vuoi raggiungere.

Ricorda e metti in pratica tutti i suggerimenti che ti ho dato, sia che tu debba scegliere un channel manager per ottenere il massimo profitto dalle vendite online. Sia che tu debba acquistare il software di gestione alberghiera (PMS) per gestire al meglio le attività quotidiane, profilare i tuoi ospiti e offrire loro servizi sempre più mirati, sia che tu voglia dotarti di un CRM per fidelizzare i tuoi clienti e conquistarne di nuovi. O ancora se vuoi migliorare la gestione della tua brand reputation o usare uno strumento che ti aiuti a incrementare il tasso di conversione delle tue offerte.

Gli strumenti a tua disposizione ci sono. Scorrendo le pagine del libro ritroverai tutte le indicazioni utili per scegliere quelli che meglio si adattano alle tue esigenze.

Ma adesso non posare il libro nel cassetto e metti subito in pratica i suggerimenti che ti ho dato. Cerca di essere costantemente aggiornato e guarda sempre con curiosità e senza timore alle evoluzioni del mercato. In parole povere: non fermarti mai.

È una regola del marketing: dietro ogni cambiamento e ogni "minaccia", si nascondono sempre grandi opportunità per chi è pronto a coglierle!
Se impari a guardare avanti, e lavori sempre con una chiara strategia in testa, stai pur certo che i risultati arriveranno.

E ricorda che anche un viaggio di mille chilometri inizia sempre con il primo passo. Sta a te farlo, ora.

Io ti ho dato gli strumenti. Ora hai la possibilità di metterli in pratica e iniziare a percorrere da subito la tua strada verso il successo.

E ora, se hai domande, dubbi, curiosità, o se vuoi partecipare ai miei corsi sulle tematiche del libro, puoi scrivermi qui: m.massai@evols.it oppure www.facebook.com/massai.marco. Ti risponderò con piacere!